les gestes

Du même auteur chez le même éditeur

Jeux de société
Devenez collectionneur de timbres
Poids et mesures, calcul rapide
Dictionnaire en cinq langues
L'Avenir par les cartes
Interprétez vos rêves
Les Lignes de la main
Les Caractères par l'interprétation des visages
Comment amuser nos enfants
Initiation au système métrique

Traductions

Diccionario en cinco lenguas, ed. Singer Features
Interpreting your Dreams, ed. Habitex

Louis Stanké

les gestes

LES ÉDITIONS DE L'HOMME*

CANADA: 955, rue Amherst, Montréal 132
EUROPE: 21, rue Defacqz — 1050 Bruxelles, Belgique

* Filiale du groupe Sogides Ltée

Couverture
- Maquette et illustration:
  GAÉTAN FORCILLO

Maquette intérieure
- Conception, illustrations:
  GAÉTAN FORCILLO

DISTRIBUTEURS EXCLUSIFS:

- Pour le Canada
  AGENCE DE DISTRIBUTION POPULAIRE INC.,
  955, rue Amherst, Montréal H2L 3K4, (514/523-1182)
  Filiale du groupe Sogides Ltée
- Pour l'Europe (Belgique, France, Portugal, Suisse,
  Yougoslavie et pays de l'Est)
- OYEZ S.A.   Muntstraat, 10 — 3000 Louvain, Belgique
  tél.: 016/220421 (3 lignes)

- Ventes aux libraires
  PARIS: 4, rue de Fleurus; tél.: 548 40 92
  BRUXELLES: 21, rue Defacqz; tél.: 538 69 73

- Pour tout autre pays
  DÉPARTEMENT INTERNATIONAL HACHETTE
  79 boul. Saint-Germain, Paris 6e, France; tél.: 325.22.11

Bibliothèque nationale du Québec
Dépôt légal — 4e trimestre 1976
ISBN-0-7759-0504-6

Avant-propos

Les mots ne disent pas tout. Pour bien connaître une personne, il faut savoir lire le langage de ses gestes, le geste étant aussi une manière de s'exprimer. C'est même une des façons les plus anciennes de communiquer avec les autres. N'est-ce pas l'unique langage des sourds-muets?

Les gestes servent le plus souvent à modifier le sens des mots. Chaque geste involontaire que vous faites, comme par exemple remuer la main, froncer les sourcils, changer de position dans votre fauteuil, fait partie d'un système aussi intelligible que le langage parlé.

Les gestes les plus chargés de signification sont ceux qui ne sont pas prémédités, mais qui, au contraire, expriment une impulsion *involontaire*. La plupart du temps, ils sont inconscients et c'est pourquoi ils renseignent de façon bien précise sur votre façon d'être; ils dévoilent aux autres qui vous êtes.

Il est passionnant d'étudier une personne, son caractère et son comportement. Il s'agit simplement de rassembler un maximum d'observations relatives à ses gestes, d'en retirer une impression générale et d'en tirer une conclusion, relative bien sûr. L'étude que nous allons faire dans cet ouvrage va dans ce sens.

Chaque individu exprime ce qui lui est propre; aussi ses gestes diffèrent-ils de ceux des autres. Même si quelqu'un est silencieux, ses doigts parlent.

Plus ses gestes sont nombreux, moins une personne montre qu'elle est maîtresse d'elle-même. En gesticulant, elle affaiblit sa maîtrise d'elle-même.

En général, les intellectuels et les gens qui ont reçu une bonne éducation gesticulent moins que les autres. (Il y a bien sûr aussi une question de tempérament.) La politesse interdit les gestes désordonnés et trop nombreux; les gens bien éduqués brouillent donc parfois le langage des attitudes en faisant des gestes maîtrisés et voulus qui, par conséquent, ne trahissent pas leurs sentiments profonds ou, du moins, les traduisent au second degré. En effet, le fait de "jouer un rôle" en société est en lui-même révélateur. Autrefois les souverains s'efforçaient à une très grande maîtrise d'eux-mêmes, ce qui leur donnait une certaine immobilité; et c'est cette immobilité même qui leur conférait un air digne. Le maintien a toujours été révélateur de la personnalité. On peut facilement déduire des traits de caractère de l'observation des mouvements du corps. Votre attitude est constituée des gestes que vous faites qui sont en corrélation avec votre caractère.

Le mouvement des yeux est un des éléments les plus puissants de ce langage. Lorsque vous parlez à une personne, vous la regardez droit dans les yeux, mais au bout de quelques secondes vous détournez le regard. Si vous continuez à fixer ses yeux, l'échange devient intime; c'est même un langage d'amoureux.

Lorsqu'un étudiant, en conversation avec son professeur, soutient le regard de celui-ci un peu plus longtemps qu'il serait normal, c'est une marque de respect et d'affection, mais ça peut être aussi un défi subtil à l'autorité du maître.

Les sourcils ont également leur rôle, car on en compte environ vingt-trois positions. Il est à noter que les hommes jouent davantage du sourcil que les femmes. Les sourcils changent en général en même temps que le caractère.

Une personne peut maîtriser son visage, avoir l'air calme, sans se rendre compte qu'elle laisse échapper des indices de nervosité, que ses doigts frappent la table ou que son pied frappe le sol d'une façon continue, par exemple.

Les gestes involontaires sont répétés sans nécessité objective et échappent au contrôle conscient; c'est le cas de la contraction brusque des muscles, du clignement des yeux, des hochements de la tête, etc.

On peut connaître l'attitude d'une personne également par la couleur de son visage. Si elle a peur de quelque chose, son visage pâlit; si elle est timide, son visage rougit souvent. Les personnes timides peuvent rougir, même quand elles sont seules. A vrai dire, on peut rougir non seulement du visage, mais aussi des oreilles, du cou et du haut de la poitrine.

On peut deviner les sentiments que ressent un individu pour un autre à la *posture* qu'il adopte en la présence de celui-ci. Par exemple, un homme qui se trouve confronté à un autre homme qui lui déplaît montre qu'il se sent en danger par son attitude crispée. Quant aux femmes, dans un cas semblable, elles manifestent leur antipathie par une posture dégagée.

Se tenir très droit est une façon de s'affirmer, de s'imposer. Une personne qui se redresse ou qui élève les épaules fait preuve d'autorité ou d'une soudaine détermination.

Quant à l'individu craintif, il voûte le dos et arrondit les épaules.

Au cours d'une réception, dans une discussion un peu échauffée, en observant la manière dont les gens se tiennent, on peut deviner le parti que chacun a pris. Ceux qui sont pour l'opinion émise seront assis les jambes croisées; quant à ceux qui sont contre, ils auront les jambes allongées et les bras croisés. Et ceux qui ne sont ni pour ni contre, auront les jambes et les bras croisés.

Le fait qu'une personne change soudainement de position dans son fauteuil dénote qu'elle n'est pas d'accord avec son interlocuteur ou encore qu'elle est en train de changer d'avis.

Chaque individu a besoin pour se sentir à l'aise d'un certain *espace* autour de lui et la dimension de cet espace dépend de sa personnalité. Déjà chez l'enfant, pendant qu'il apprend à parler et à connaître le langage du corps, la réaction à l'espace environnant se développe.

Il semble que les intravertis demandent plus d'espace que les extravertis.

L'homme se déplace comme à l'intérieur de son territoire personnel. Ce territoire correspond à la quantité d'espace dont il a besoin entre lui-même et les autres. Et il aime que son territoire soit respecté. Par exemple, dans la maison, tous les membres de la famille ont leur place à table et ils n'aiment pas que les autres l'occupent. Chacun a aussi sa conception de la distance qui doit exister entre les chaises. Les gens âgés particulièrement n'aiment pas céder leur place à table. De même, tout le monde a sa place favorite à l'église, dans le train, sur un banc, dans un parc, au restaurant, etc.

Chaque individu respecte le territoire des autres. Dans un ascenseur bondé, par exemple, vous pouvez remarquer que chacun se tient bien raide pour ne pas envahir l'espace de l'autre et éviter de le toucher.

Lorsque vous parlez à un ami, on peut mesurer au pouce près la distance qui est établie entre vous.

Lorsqu'on traite une affaire, on se tient à une distance l'un de l'autre d'une verge à une verge et demie.

Un espace de deux à trois verges est observé dans les rapports entre patron et employé.

Lorsque deux personnes se rencontrent dans la rue, elles gardent en général leurs distances en bavardant.

L'écart pour la conversation gardé par deux hommes qui ne se connaissent pas est de quatre pieds environ. Lorsqu'un des deux s'avance trop, l'autre le trouve indiscret, à moins qu'il n'ait un secret à lui dire.

La distance intime est d'un pied et demi.

Les Sud-Américains se tiennent en général beaucoup plus près les uns des autres que les Nord-Américains.

Les Arabes, pour se parler, adorent se tenir tout près l'un de l'autre et se regardent les yeux dans les yeux. Ils aiment aussi se toucher et se sentir.

Au Japon, se tenir proche de son interlocuteur est un signe de chaleur et d'intimité.

On peut observer que les gens qui font la queue devant un cinéma où l'on passe un film pornographique sont beaucoup plus serrés que ceux qui vont voir un film "pour tous".

Avez-vous remarqué dans le train ou dans le métro les personnes qui ne veulent pas avoir de rapport avec d'autres passagers? Elles baissent les yeux, s'immobilisent et deviennent rigides.

Les gestes constituent donc un langage universel. Si vous vous trouvez dans un pays dont vous ne connaissez pas la langue, vous vous servez de gestes pour vous faire comprendre. Cependant, chaque être est conditionné par le milieu dans lequel il vit et par les réactions que ce milieu lui impose. *Chaque nationalité possède donc son langage corporel propre.* Les êtres en apprennent les nuances dans leur enfance, en même temps qu'ils apprennent à parler.

L'origine ethnique ou raciale, l'hérédité, le style personnel, le sexe, la classe sociale, l'éducation, tout cela exerce une influence sur le langage du corps.

Il existe des peuples qui ne savent pas s'exprimer sans utiliser leurs mains; c'est le cas des peuples latins, Italiens, Espagnols, Français, etc.

En regardant un film muet, les experts peuvent reconnaître facilement d'après les gestes des acteurs la langue qu'ils parlent. Il faut remarquer que les films doublés sonnent faux, car les gestes ne correspondent pas au langage.

Ainsi, un Italien parle et bouge en italien et il en est de même pour toutes les nationalités.

Les Anglais marquent la fin de leurs interrogations en écarquillant les yeux, en avançant le menton ou encore en levant la main. Et lorsqu'ils emploient un verbe au futur, ils font en général un mouvement en avant.

Quant aux Américains, ils ont tendance à terminer leurs phrases en baissant les paupières, la tête ou la main.

Dans une conversation, au Québec, l'auditeur doit hocher la tête et émettre quelque murmure pour montrer qu'il est attentif à ce que lui dit son interlocuteur. Au contraire en Angleterre, la personne qui écoute doit fixer attentivement le regard de celui qui parle et cligner des yeux de temps en temps pour montrer son intérêt.

Dans plusieurs pays d'Asie, la politesse exige qu'on ne regarde pas son interlocuteur pendant qu'on lui parle.

En Inde, tout en écoutant, on bouge la tête des deux côtés.

Ici, au Québec, en marchant dans la rue, on regarde les passants juste assez pour leur faire savoir qu'on sait qu'ils sont là, mais pas plus, car trop regarder devient indiscret. En règle générale, les passants se regardent jusqu'à ce qu'ils arrivent assez près l'un de l'autre et à ce moment-là ils baissent les yeux.

En Israël, par contre, dévisager les piétons dans la rue est très normal et se fait couramment.

L'analyse qui suit est divisée en cinq parties. La première donne une interprétation sommaire des principales attitudes du corps humain: la démarche, la façon de tenir la tête, de s'asseoir, etc. Dans la seconde, nous commentons brièvement quelques-uns des gestes que nous faisons quotidiennement, comme boire, manger, fumer ou conduire. La troisième jette un regard sur ce que révèlent nos griffonnages et la quatrième, sur notre choix de couleurs. Enfin nous dirons quelques mots de ces codes, le langage des yeux ou du mouchoir, traditionnellement utilisé par les amoureux.

I
Les attitudes de notre corps

Le maintien a été toujours considéré comme révélateur de la personnalité. Rien que par sa façon de bouger, un homme nous livre une partie de son caractère. Donc "explorons" l'être humain dans la rue, dans le métro, dans le restaurant, à l'église, etc. Mais attention! Il ne faut pas donner une trop grande importance à certains détails; ce qui est le plus important, c'est l'impression générale qu'on retire d'un individu. C'est elle qui permet de réunir le maximum d'observations sur lui et de tirer des conclusions sur sa personnalité.

Malgré tout, les détails de nos attitudes sont parlants. Ainsi, à la manière dont un homme bouge la tête ou les épaules, à sa démarche, on peut reconnaître certains traits de son caractère. C'est le langage de notre maintien dont nous étudierons maintenant les caractéristiques les plus frappantes.

Ce que révèle la démarche

Dans la démarche, il y a corrélation entre le cerveau et le pied.

Observez les gens qui marchent dans la rue. Leur démarche est-elle rapide ou lente? Font-ils de grands ou de petits pas? Leurs bras se balancent-ils souplement ou pendent-ils inertes? Et vous remarquerez que chacun marche à son pas et fait ses propres mouvements. Par exemple, un enfant change souvent sa démarche: tantôt il allonge le pas, tantôt, paresseux, il ralentit, fatigué, ou tout simplement lassé de marcher.

Si l'enfant est heureux, il marche vite, sautille et devient très léger sur ses pieds. Au contraire, s'il est malheureux, ses épaules sont tombantes et il a une démarche lourde et traînante.

Quant aux vieilles personnes, elles avancent lentement et ne font pas beaucoup de gestes en marchant; leurs bras sont près du corps.

Une fille qui a passé quelques années au couvent peut marcher avec les bras collés sur les hanches, sans faire de mouvements des bras.

D'un individu qui marche d'un pas lourd, comme s'il avait du plomb aux pieds, on dira qu'il cherche son indépendance.

Par ailleurs on dit qu'une personne mauvaise marche en avançant la bouche comme si elle faisait la moue.

Dans les pages qui suivent, nous donnons quelques conclusions sur le tempérament que révèlent les divers types de démarches. Mais notons qu'on ne peut analyser la façon de marcher d'un individu que si celle-ci est spontanée.

Pas vif et rapide: grande activité et souvent aussi impulsivité.

Pas ferme et sûr: beaucoup d'énergie et de courage.

Pas précipités et courts: nervosité.

Pas précipités et petits: marque des êtres superficiels, des femmes frivoles.

Pas ferme et digne: grande vulnérabilité et conscience de soi-même.

Pas lents, mais courts: calme et simplicité, prudence excessive: indiquent une conscience tranquille.

Petits pas hésitants: impatience pleine de nervosité, tendance à la mélancolie; indiquent un caractère méfiant et indécis.

Pas moyens et lents (avec le menton levé): grande vanité, comportement distant.

Pas lents et longs: esprit réfléchi, calculateur et opiniâtre.

Pas rapides et longs: esprit combatif, humeur batailleuse.

Pas traînants: paresse et manque de vitalité. Si tout le corps se balance en suivant le mouvement des pieds, l'individu a la maladie de Parkinson ou une sclérose multiple.

En général, on considère qu'il y a deux sortes de marche rapide. La marche à petits pas et la marche à grands pas. Par exemple, la marche d'un individu nerveux est irrégulière et devient sautillante quand sa nervosité s'accentue. Les pas sont alors petits.

L'individu qui marche les pointes de pieds tournées vers l'extérieur dénote un tempérament ne pouvant pas vivre sans le contact du monde extérieur.

Celui qui marche légèrement a tendance à juger avec optimisme ses relations avec les autres.

Une personne qui, en marchant, regarde droit devant elle indique la concentration de ses pensées sur un problème présent.

Si nous regardons vers le haut, cela signifie que seul l'avenir nous intéresse.

L'individu qui évite de poser les pieds sur les lignes qui séparent les blocs de granit qui bordent le trottoir ou prend grand soin de ne jamais descendre ou monter sur le trottoir du pied gauche dénote une profonde anxiété ou encore une fixation dans l'enfance. En effet, c'est un des tabous les plus couramment observés par les enfants.

La personne qui jette constamment un oeil autour d'elle souffre de la manie de la persécution ou, tout simplement, cherche à faire connaissance avec quelqu'un.

L'allure générale de la démarche est très intéressante à observer, mais il s'agit de connaître ce qu'elle signifie. Voici des indications sur ce qu'elle dénote:

Démarche lente et grands pas: force de caractère, volonté et souvent aussi orgueil mêlé au désir de s'imposer.

Démarche lente et petits pas: mollesse, manque d'énergie et d'activité, inertie.

Démarche lourde accompagnée d'un fort mouvement du torse: fermeté et énergie; marque une absence d'imagination et un tempérament flegmatique.

Démarche rapide et grands pas: bienveillance et optimisme.

Démarche dandinante; indique qu'une personne est malade; s'il s'agit d'une femme, elle peut souffrir d'une entorse à l'articulation de la hanche. Chez les deux sexes, cela peut indiquer une carence en calcium.

Démarche titubante: indice d'une maladie du cerveau ou de la moelle épinière.

Démarche hésitante et peu rapide: timidité et paresse.

Démarche harmonieuse: indique une personne sûre d'elle-même et dynamique.

Démarche ataxique avec des pas larges et un balancement saccadé: indique un dérangement du cerveau ou de la moelle épinière.

Démarche courbée: peut être provoquée par des crampes de l'estomac ou due aux rhumatismes.

Ceux qui marchent rapidement et balancent leurs bras librement ont un but déterminé et sont prêts à s'attaquer à leur tâche. Ils ont confiance en eux.

Chez les adultes, les mouvements excessifs des mains, des bras et du tronc trahissent l'agitation et l'insécurité.

Les individus qui se déplacent avec leurs mains dans les poches ont tendance a être critiques et réservés.

Lorsque les gens sont abattus, déprimés, quand ils se sentent rejetés, ils marchent avec leurs mains dans les poches, la

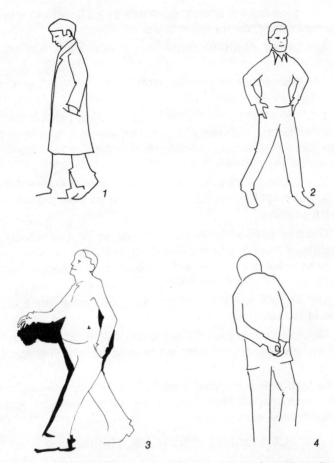

tête baissée, ne regardent pas où ils vont et traînent les pieds. 1

La personne qui marche avec les mains sur les hanches veut atteindre son but par le chemin le plus court et rapidement. Cela dénote aussi un individu prêt à agir et capable. C'est un geste positif. Sir Winston Churchill en était un exemple typique. 2

Un individu satisfait de lui-même a une démarche fière; le menton relevé, les bras en mouvement exagéré, les jambes raides, il essaie d'impressionner le monde. 3

Les gens entreprenants, confiants en eux-mêmes, décidés marchent droit, en frappant le sol du talon.

Les gens rusés, diplomates décrivent des courbes sinueuses.

Les énergiques tendent le jarret; les nonchalants se dandinent; les timides rasent les murs.

Les individus ayant un problème qui les préoccupe vont marcher la tête baissée et les mains jointes derrière le dos. Leur pas est très lent, parfois ils s'arrêtent pour frapper un caillou du pied. 4

Quelqu'un qui fait les cent pas dans une chambre indique qu'il a un problème difficile à résoudre ou une grande décision à prendre.

Chaque nationalité possède aussi sa propre démarche. Ainsi, les Américains marchent légèrement penchés en avant, les bras prêts à entrer en action, position proche de celle du lutteur qui est prêt à affronter son adversaire.

Les Anglais se déplacent en balançant mollement épaules, bras et bassin.

Quant aux Français, ils marchent très droits, les épaules carrées, raides, en remuant les bras comme si l'espace était limité.

La Japonaise marche à petits pas, le cou bloqué, car la politesse exige, au Japon, de tourner entièrement les épaules et pas uniquement le cou.

La manière d'user les chaussures

Le maintien de l'homme varie selon son état psychique qui se reflète dans sa démarche, nous l'avons vu, mais aussi dans l'usure des semelles et des talons de ses chaussures. Autrement dit, on peut lire le caractère d'un individu sur ses semelles!

Voici ce qu'un examen des chaussures peut amener à conclure:

Semelle et talon également usés: indiquent de l'honnêteté et des capacités en affaires.

Chaussure usée sur toute la longueur: signale un homme sournois.

Souliers usés surtout à la pointe: indiquent un homme qui aime le risque. Cet homme est agressif, péremptoire et attaché à ses opinions.

Des talons usés sont le propre d'une personne qui traîne les pieds. Cette personne n'aime pas le changement, a peur du risque et n'aime pas perdre dans une discussion.

Talons usés à l'arrière: sont ceux de personnages violents qui veulent toujours avoir le dernier mot.

Semelles usées à l'intérieur: révèlent des individus avares et très exigeants.

Talon usé vers le dehors: observé chez des gens avides d'aventures et chez des hommes d'imagination.

Semelles usées à l'extérieur: appartiennent à ceux qui dépensent beaucoup et qui ne sont pas capables d'économiser.

Talon usé à l'intérieur: annonce l'irrésolution et la faiblesse.

De larges semelles, un talon large et plat: indique un caractère peu recommandable, une disposition très prononcée à l'avarice.

Le langage de la tête

Avant de commencer à parler, un enfant fait déjà son premier geste avec la tête, en la secouant pour dire "non". Et, depuis notre jeune âge, nous avons l'habitude de secouer la tête en signe de désapprobation ou d'acquiescement. En Inde par exemple, les gens se contentent de secouer la tête en signe d'approbation.

Voici les principales interprétations du langage de la tête:

Baisser la tête: signifie que l'individu a perdu confiance en soi, qu'il a peur de prendre des responsabilités ou, tout simplement, qu'il réfléchit à un problème. Et si, en baissant la tête, la personne cache en même temps son front et ses yeux, c'est qu'elle essaie inconsciemment de masquer son caractère.5

19

Incliner la tête de côté: dénote une personne faible d'âme, de caractère, qui cède aux suggestions et qui est influençable. En général, une telle personne a une santé fragile. Par contre, il ne faut pas confondre ce port de tête avec le maintien de personnes qui se trouvent dans une salle de conférence: si elles inclinent leur tête de côté, ce geste prouve qu'elles sont intéressées par le conférencier.6

Garder la tête droite et le menton relevé: la marque d'un individu sûr de lui, orgueilleux et indépendant. C'est le maintien d'un être qui ne cède devant personne. Remarquons aussi que lorsqu'on entend quelque chose d'intéressant, on a tendance à relever la tête.

Porter le front haut avec le menton très en avant: le propre d'un être orgueilleux, agressif et qui veut être supérieur aux autres.7

Bouger la tête continuellement: dénote un fort intérêt pour la vie et grande curiosité pour tout. Il ne faut pas confondre ce geste avec celui des femmes qui ont l'habitude de secouer la tête constamment pour remettre leurs cheveux en place.

Garder sa tête dans la main: dénote de l'ennui.8

Le langage des épaules

Les épaules carrées: indiquent un type sportif.

Les épaules tombantes: indiquent un individu inquiet, soucieux qui semble porter un fardeau et qui cherche à obtenir le secours des autres. 9

Hausser les épaules: signe de désapprobation et d'ignorance.

Rentrer les épaules: cache une colère rentrée.

Lever les épaules: signe d'angoisse et de crainte. Ainsi, les aveugles lèvent les épaules et les sourcils pour traduire leur embarras.

Les épaules soulevées vers l'arrière et le menton avancé: c'est l'attitude d'un raté qui a eu beaucoup d'échecs dans sa vie. 10

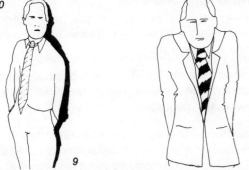

Plus l'individu se tient droit, plus il affirme sa personnalité et plus il tend à l'imposer. Et s'il se redresse en élevant ses épaules, il affirme son autorité. Cette attitude est celle d'un être qui se tient sur la défensive ou qui manifeste sa désapprobation.

Une poitrine bombée et des épaules rejetées en arrière dénotent la fierté et la confiance en soi. Quant à l'homme craintif, il voûte son dos et arrondit ses épaules. Cela signifie qu'il n'a pas de lui-même une très haute opinion.

Quelqu'un qui attend un danger qui vient par derrière tend automatiquement son dos.

Et tout le monde connaît bien sûr le haussement d'épaules qui veut dire: "Je ne sais pas".

Le langage des jambes

Avez-vous remarqué que le galbe et la forme des jambes diffèrent d'un individu à l'autre? Evidemment, dans la vie courante, les jambes des hommes sont rarement visibles; on ne peut guère les observer que sur une plage ou sur un terrain de sports, alors que, par contre, celles des femmes sont toujours exposées.

En fonction de ce qui suit, il nous sera facile à l'avenir de discerner le caractère des personnes que nous rencontrons au simple aperçu de leurs jambes. Mais il ne faut jamais tirer de conclusions à partir d'un seul élément, car c'est l'étude de tous les membres du corps qui permet de révéler les défauts, les qualités, bref le caractère d'une personne.

Les jambes des femmes

Jambes minces: annoncent une intelligence aiguë et le caractère vif. Signe d'une bonne santé, mais d'une tendance à la nervosité. [11]

Jambes maigres, semblables à des bâtons: dénotent une incapacité de vivre en harmonie avec les autres et une santé assez délicate. [12]

Jambes courtes: annoncent l'entêtement, même sur des erreurs évidentes, et un caractère têtu. Appartiennent à un individu qui confond souvent la volonté et l'obstination. Il faut éviter de le provoquer. [13]

Jambes longues: révèlent une personne bien ambitieuse, pleine d'énergie et qui jouit d'une excellente santé. [14]

Jambes épaisses: dénotent une femme autoritaire, jouissant d'une bonne santé, mais qui a de la difficulté à observer un régime. [15]

Jambes aux mollets ronds: elles appartiennent aux femmes douces et agressives en même temps. Ces personnes sont aussi très instables, d'une santé variable et ont un gros appétit. [16]

11

12

13

14

15

16

Observez maintenant une femme qui s'installe dans un fauteuil ou sur une chaise, au moment où elle prend sa posture favorite et regardez la position de ses jambes: elle vous permettra de dire si elle est calme, influençable, résolue, etc.

Attitude tendue: annonce une personne fermée sur elle-même et préoccupée. Elle craint de se faire posséder et n'est pas assez sûre d'elle pour abandonner cette attitude défensive. Elle a peur aussi de ne pas avoir un comportement suffisamment efficace face à un problème ou devant une autre personne.[17]

Attitude d'un individu influençable: c'est aussi la pose d'une personne imaginative. Cette position impressionne ses interlocuteurs, ce qui donne à celle-ci l'assurance du pouvoir qu'elle exerce. Elle extériorise un personnage qui n'est pas vraiment représentatif de sa nature profonde. Elle adopte envers son interlocuteur des allures décontractées qui donnent à penser qu'elle a beaucoup de confiance en elle. Tout le monde pense qu'elle est à l'aise avec elle-même, même si ce n'est pas vrai; c'est son aspect extérieur et sa maîtrise apparente qui produisent cet effet-là.[18]

17

18

Posture compliquée: révèle une nature agitée par des mouvements contraires: élans et défense, contraction et aisance, besoin d'attirer les regards des autres tout en restant secret. Sa complexité l'étonne souvent elle-même et déconcerte son entourage, car celui-ci ne sait jamais à quel personnage il a à faire. C'est aussi le signe d'un excès de sensualité.[19]

Attitude détachée: indique une personne sûre d'elle, avec un réel pouvoir de détachement. Elle pense plus souvent à d'autres gens qu'à ceux qui sont en face d'elle, et à autre chose qu'à ce qu'elle fait. Elle se sent rarement réellement concernée par la situation présente.[20]

Attitude de laisser-aller: dénote une personne qui a peu de confiance en elle-même et qui ne veut pas l'avouer. Elle aime prendre des attitudes désinvoltes qui désarment ses interlocuteurs et lui donnent un sentiment de force et de sécurité.[21]

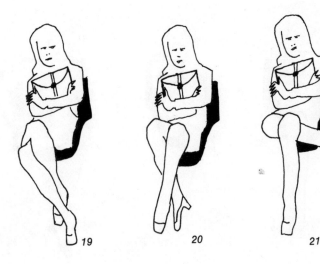

19   20   21

Attitude résolue: annonce une femme réaliste, solide et qui a confiance en elle. Elle ne croit pas aux belles paroles, car elle est très concrète et seuls les faits l'intéressent. Lucide et résolue, parfaitement consciente de ses capacités, elle conserve, quelle que soit la situation, une assurance tranquille. 22

Attitude calme: révèle une personne détendue, installée confortablement et bien à l'aise. Elle est sûre d'elle-même et de ses moyens. Elle a du sang-froid. Dans les situations compliquées, elle sait prendre l'avantage. C'est l'attitude la plus conventionnelle qui soit et aussi une pose très élégante. 23

Jambes croisées, avec un pied qui se balance: la femme exprime silencieusement son désir de partir. Mais si ce pied commence à onduler en cercles, c'est qu'elle pense à un homme! 24

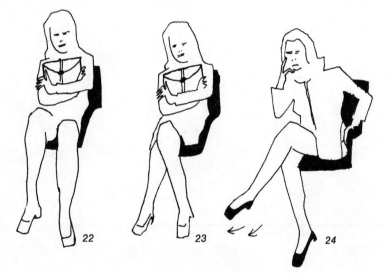

Jambes allongées et les pieds posés l'un sur l'autre: cela dénote une femme toujours de bonne humeur, lente et superficielle. 25

Jambes croisées et le soulier gauche soulevé: cela traduit une tension intérieure. 26

Jambes et pieds allongés: indiquent un mauvais caractère, un manque d'intelligence et de la mauvaise humeur.

Jambes placées l'une contre l'autre, avec les pieds collés: femme manquant de culture, fidèle, scrupuleuse et ponctuelle. C'est aussi le maintien d'une servante.

Jambes croisées, celle de droite se balançant: personne ambitieuse, intelligente, ayant le sens des responsabilités et sûre d'elle-même.

Genoux et pieds joints, leurs pointes se touchant: attitude d'une femme craignant le danger et de nature nerveuse.

25

26

Les jambes des hommes

Chevilles et mollets minces et longs: peuvent signifier un manque d'esprit d'indépendance, de volonté et de personnalité. *27*

Cuisses longues: gaieté et bon caractère. Et si les cuisses, en plus d'être longues, sont aussi osseuses, c'est l'indice d'une personne énergique, virile et pouvant même aller parfois jusqu'à la violence. *28*

Jambes en forme d'X coupé: bon caractère, comportement féminin, amical avec tout le monde. *29*

Grosses cuisses molles et charnues: caractère féminin, indifférence, instabilité en amour. *30*

Lorsqu'un homme se tient debout, jambes croisées, voyez s'il n'est pas sur la défensive. Cette posture peut marquer une tendance à s'excuser.

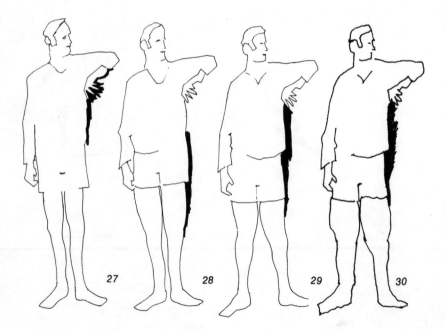

27   28   29   30

Les genoux

En observant les jambes, on ne peut pas se passer de remarquer les genoux: ils jouent aussi leur rôle dans l'analyse du caractère d'une personne.

Les genoux carrés: indiquent la virilité chez la femme; ce sont les genoux des sportifs. Les personnes ayant cette forme de genoux sont masculines, dures et savent se défendre seules. Elle ont une forte résistance à la maladie.[31]

Les genoux ronds: indiquent la féminité. Ce sont les genoux des individus mous et très sensibles. Mais ce n'est pas une particularité typiquement féminine, car beaucoup d'hommes ont des genoux de ce type.[32]

Les genoux pointus: annoncent une personne nerveuse, irritable et parfois même hystérique. Les individus ayant cette forme de genoux ont tendance à être querelleurs.[33]

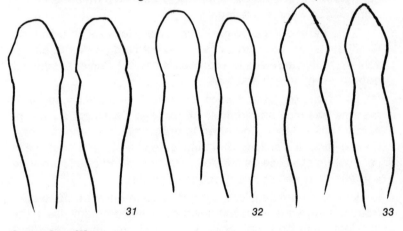

31   32   33

Les chevilles

Prenez bien garde aux gracieuses et minces chevilles, car elles dénotent l'égoïsme et la vanité.

La façon de s'asseoir

Nous changeons quelquefois nos gestes, mais nous modifions rarement notre manière de nous asseoir; celle-ci peut donc nous fournir bien des données sur la psychologie d'un individu.

Il y a mille et une façons de se tenir sur un siège et c'est très intéressant d'observer la façon dont les gens s'assoient

La manière dont une personne s'assoit et l'endroit qu'elle choisit pour ce faire dépendent de sa personnalité et de ce qui lui est arrivé immédiatement. Chaque personne a sa manière de s'installer sur un siège et à celle-ci on peut reconnaître certains traits de son caractère. Dans un salon quand nous offrons un siège à quelqu'un, dans une salle d'attente, examinons la posture des gens sur leur chaise.

Comme on le constate vite, la manière de s'asseoir est un langage. Le voici, tel que de multiples expériences l'ont traduit:

A table, une personne qui ne veut pas être dérangée s'assoit dans un coin. Sur un banc public, la même personne ira s'asseoir à l'une des extrémités du banc. Et si elle veut avoir le banc pour elle seule, elle va se placer au milieu du banc, ce qui signifie: "Le banc est à moi."

Il y a ceux qui s'assoient sur autre chose qu'un siège, on dirait qu'ils ont peur de s'asseoir. C'est l'indice des êtres qui veulent briller, être vus et écoutés; ils restent d'ailleurs souvent debout au milieu des autres.

Les femmes, quand elles s'assoient, veulent se montrer, mais ne pas trop en montrer! Alors, elles s'assoient en saisissant le bas de leur jupe et en la tirant vers les genoux. Lorsqu'une femme s'assoit dans un fauteuil et étale autour d'elle sa jupe, qu'elle lisse de ses deux mains, elle indique l'amour de soi; elle veut se faire remarquer et admirer.

L'individu qui se laisse tomber lourdement a perdu le contrôle de lui-même, il est soit découragé, soit en mauvaise santé ou vient juste de terminer un travail difficile.

La personne qui reste assise sur le bord de sa chaise, raide et figée, sans se servir des accoudoirs et du dossier, n'est pas à l'aise; elle est impatiente, inquiète, manque d'initiative et doute de sa propre valeur. Son penchant pour l'obéissance est fait de manque d'esprit critique et de manque d'initiative. C'est la posture d'un être sur un qui-vive permanent; il est toujours prêt à se lever: il est d'ailleurs si peu assis! En visite, il n'est pas persuadé du bien-fondé de sa venue.34

Voici un autre individu assis sur le bord de la chaise; penché en avant, il tient le siège de la chaise et a l'air d'être très attentif. Cela signifie qu'il faut le traiter avec prudence.35

En général, les gens s'avancent sur le bord de leur siège lorsqu'ils sont prêts à un compromis, à accepter quelque chose, à coopérer, à faire un achat, ou au contraire préparent un refus ou se disposent à partir. C'est donc une attitude qui peut indiquer la coopération ou le refus, mais qui traduit toujours l'action.

Lorsqu'un client qui vient faire une transaction se tient sur "le bout des fesses", c'est qu'il est pressé de conclure son affaire. De même, quand une personne en visite se prépare à partir, elle s'avance sur le bord de sa chaise.

34   35

Il y a des personnes qui s'assoient hardiment au fond de leur chaise; ce sont les énergiques et les ambitieux, car plus une personne s'enfonce dans un siège, plus elle est tenace et audacieuse. 36

Le voluptueux s'assied toujours au fond d'un fauteuil, mais lentement, souvent en se renversant presque et en se croisant les jambes. Tandis que l'énergique, s'il croise ses jambes, automatiquement il avance le buste.

Lorsqu'un homme s'assied les jambes ouvertes ou étendues, il indique son sentiment de liberté personnelle ou du laisser-aller.

Il y a aussi la position "à la Lincoln" telle qu'on peut la voir à Washington en regardant la statue de ce grand homme, statue qui le représente assis confortablement dans son fauteuil et le tenant par les accoudoirs. Cette position est prise en général par deux hommes d'affaires lorsqu'ils s'entendent et qu'aucun des deux ne se sent menacé par l'autre. 37

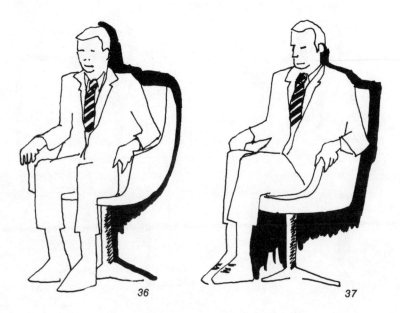

36   37

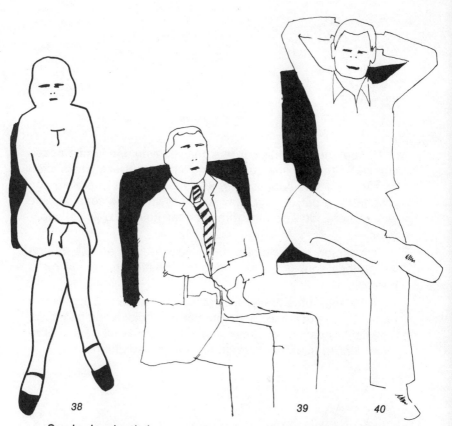

38

39   40

Sur le dessin ci-dessus vous voyez une jeune fille dans une posture qui signifie qu'elle s'intéresse à vous. 38

Cet homme massif qui occupe tout le siège, qui a l'air d'être confortablement installé, semble vouloir impressionner son entourage; mais en réalité il cherche un appui, car il manque d'assurance et n'est pas aussi actif qu'il voudrait l'être. 39

Se pencher en arrière, les deux mains supportant la tête, est un geste typiquement américain qui dénote que l'individu se concentre. En conversation, il est sûr de ce qu'il dit. Cela peut signifier aussi qu'il se vante à son compagnon de ses exploits passés ou futurs. 40

41

La personne assise sur une chaise, avec une jambe posée sur l'accoudoir, n'indique pas qu'elle se repose, mais bien qu'elle n'est pas coopérative. Elle ne s'occupe guère de son prochain. Le patron qui, dans son bureau, prend cette attitude veut montrer qu'il domine dans son territoire et qu'il est supérieur.*41*

Un rapide balancement des pieds de haut en bas, quand les jambes sont croisées, indique l'impatience, l'ennui ou la nervosité.

Il y a aussi un autre type d'individu; il est bien calé dans son fauteuil, dans une salle d'attente par exemple; le temps passe, il devient impatient et commence à tirer sur le pli de son pantalon vers le haut; ceci révèle un homme soigneux.

42

Certaines femmes vont manifester qu'elles sont à l'aise en présence de quelqu'un, en prenant la position suivante sur un divan; une jambe est pliée sous l'autre. Ce geste indique leur désir de s'engager dans une relation avec l'autre personne. Et si ce geste est associé avec un contact direct des yeux, vous pourrez dire que la femme qui se tient ainsi s'intéresse vraiment à son interlocuteur. *42*

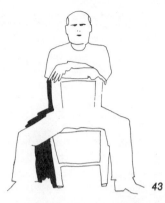

43

44

Un individu qui pose ses bras sur le dos d'une chaise comme sur le dessin ci-dessus exprime un sentiment de supériorité et d'agressivité. *43*

On reconnaît le méthodique à la manière dont il s'assoit au milieu de son siège, rapproche ses pieds et maintient horizontalement ses cuisses. Le timide a la même pose, sauf qu'il s'assoit au bord de la chaise et bouge constamment, comme s'il ne pouvait pas trouver une position favorable.

Dans les situations tendues, les personnes ont tendance à s'agiter sur leur chaise, et elles vont continuer ainsi jusqu'à ce qu'elles se sentent à l'aise.

Si le corps entier change sans cesse de position ou se tortille continuellement, il s'agit là d'une preuve d'inconfort, d'impatience, d'ennui ou d'irritation. Se balancer d'avant en arrière sur une chaise ordinaire, pendant une conversation, dénote l'indifférence. Il y a plusieurs circonstances où un être s'agite sur sa chaise: lorsqu'il est fatigué, quand c'est le temps de manger, lorsqu'il pense à autre chose, ou quand le discours qu'on prononce devant lui ne l'intéresse pas.

Un énergique se maintient bien droit, sans s'appuyer sur les accoudoirs, ce qui dénote un tempérament très actif, de l'assurance, une grande vitalité et la conscience de sa valeur. Parfois cependant, une posture rigide trahit un effort pour cacher une peur.*44*

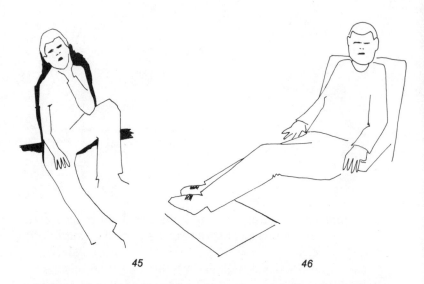

45

46

Sur le dessin ci-dessus vous voyez la position d'un individu qui s'ennuie. Sa mâchoire repose dans la paume de la main et son corps est dirigé vers la sortie. 45

Mettre les pieds sur la table est une attitude typiquement américaine. Cette position est surtout prise par les dirigeants d'entreprise et les patrons. Et lorsque plusieurs hommes sont ensemble devant une table de réunion et que l'un d'eux met son pied sur le bord de celle-ci, vous pouvez être certain que c'est le patron! 46

Vous reconnaîtrez le nerveux facilement; il remue sans arrêt bras et jambes en les croisant et en les décroisant, s'appuyant de l'avant-bras au dossier de son siège et se soulevant légèrement pour changer de position.

Si un individu est assis avec les talons reposant par terre et en dandinant les orteils, il est d'un type sportif.

Le désinvolte croise ses jambes très haut et s'étale sur le dossier de son siège.

Quant à ceux qui aiment leur confort, ils déplacent leur chaise pour la tourner dans un sens qui leur convient mieux.

47

48

Ci-dessus , vous voyez la position typique d'un patron préoccupé par beaucoup de problèmes. Il vaut mieux ne pas le déranger lorsqu'il est dans cette position.*47*

Lorsqu'une femme croise ses jambes et joue avec son pied comme si elle allait donner un coup de pied, elle exprime de l'ennui, soit qu'elle attende quelqu'un, soit qu'elle écoute une conversation fastidieuse.*48*

Les avant-bras qui s'appuient sur les cuisses, buste penché en avant, révèlent un désir de familiarité et d'abandon.

Les instinctifs s'assoient toujours sur le même siège et à la même place dans la pièce où vous les recevez.

Les audacieux traversent toute la pièce et les craintifs restent toujours près de la porte.

Il y a aussi ceux qui évitent qu'on examine leur physionomie; instinctivement, ils s'assoient le dos tourné au jour.

Quant à celui qui étale ses jambes en avant, il dénote un manque d'éducation et de culture.

Les hommes doués d'une volonté puissante croisent leurs jambes après un moment d'hésitation.

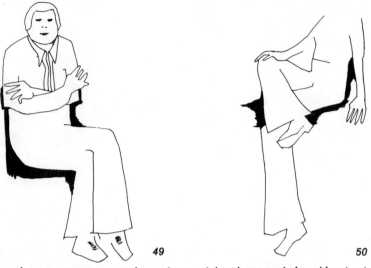

49

50

Les personnes assises, bras et jambes croisés, dénotent une tension intérieure et un désir de retrait devant ceux qui veulent les atteindre. Autrement dit, vous avez devant vous un adversaire. 49

Le fait de croiser les jambes dénote une vive nervosité et souvent un complexe d'infériorité. Par ailleurs, les individus qui croisent leurs jambes sont ceux qui ont le plus besoin de compétition et d'attention.

Pendant une conversation, une personne qui pointe continuellement le bout de son pied sur son interlocuteur veut souligner ainsi plus ou moins consciemment ce qu'elle est en train de dire. Mais si l'autre émet une opinion contraire à la sienne, sa jambe s'arrête immédiatement d'osciller, réaction qui prouve qu'elle est arrêtée dans son élan et contrariée.

A la façon dont quelqu'un croise les jambes, on reconnaît facilement un Européen ou un Américain: l'Européen croise ses jambes l'une sur l'autre; quant aux Américains, ils se mettent une jambe à l'horizontale avec la cheville posée sur le genou de l'autre, et cette pose leur est propre. 50

Lorsque deux hommes qui négocient tombent finalement d'accord, ils décroisent leurs jambes et se rapprochent l'un de l'autre.

51

52

Bloquer les chevilles et serrer les mains sur les bouts des accoudoirs est le geste de quelqu'un qui se retient. Vous pouvez remarquer cette position chez un individu qui se trouve sur une chaise de dentiste ou qui a envie d'uriner. 51

Lorsque les hommes bloquent leurs chevilles, ils ont tendance à nouer leurs mains autour de leur bassin ou à saisir les accoudoirs.

Quant aux femmes, elles bloquent gauchement leurs chevilles, en mettant leurs mains l'une sur l'autre et en les plaçant au milieu des cuisses.

Bloquer les chevilles est une réaction courante chez les gens qui prennent l'avion pour la première fois ou chez ceux qui le prennent souvent, mais qui sont peureux. C'est également la position de ceux qui sont inquiets.

Dans une situation tendue, telle que l'entrevue qu'on passe quand on postule un emploi, ou celle où un individu n'est pas satisfait de ce qui se passe autour de lui, la position assise avec les chevilles bloquées revient toujours.

Les femmes ont tendance à bloquer leurs chevilles de façon un peu différente de celle des hommes. 52

L'aspect général de la main

La forme de la main est un précieux indice pour se faire une idée sur son prochain. Les mains diffèrent en effet beaucoup d'un individu à un autre.

Dans l'exploration de la main d'autrui, on doit tout d'abord en remarquer les caractéristiques: ses proportions, sa force, ce qu'elle exprime de sensibilité, si elle est immobile ou en mouvement.

En règle générale, la longueur d'une main ordinaire est proportionnée aux dimensions du corps; elle devrait avoir le dixième de la grandeur du corps.

Les mains se classent selon les critères principaux que voici:

Main bien proportionnée: esprit intelligent et bien équilibré, qui voit juste.

Main moyenne: esprit vif et bien équilibré.

Main longue: caractère mesquin, égoïste, autoritaire, scrupuleux, orgueilleux, nerveux et avare. Esprit analytique. Tendance à la timidité.

Main large: optimisme. Energie. Dynamisme. Idées larges. Tempérament brusque mais jovial. Type expansif, communicatif et démonstratif. Tendance à la vulgarité.

Main étroite: type calme, positif, prudent, craintif, méfiant, égocentrique. Manque d'énergie. Tendance à l'hypocrisie et au mensonge.

Main grande, mais bien faite: penchant généreux.

Main trop grande: adresse doublée de ruse.

Main grosse: souvent esprit grossier.

Main épaisse: sensualité, esprit lourd et sans initiative.

Main potelée: tempérament voluptueux et matérialiste.

Main bombée: bonne nature. Destin chanceux.

Main courte: esprit précis, méticuleux, susceptible. Parfois mauvais caractère. Jugement par sympathie ou antipathie et par intuition.

Main en fuseau: esprit rêveur et imaginatif.

Main molle: paresse. Nonchalance. Malléabilité du caractère. Imagination. Amour du merveilleux et du confort.

Main dure: activité. Aptitude au travail. Intelligence. Force et rudesse de caractère. Amour des voyages, des sports et du camping. Tendance à la querelle.

Main douce, ridée sur le dessus: bonté et amabilité.

Main creuse: peu de chance de réussir en affaires. Beaucoup de difficultés dans la vie. Pauvreté et même mort prématurée.

Main trop raide: dureté. Mauvais caractère et pas de coeur.

Main trop souple: hypocrisie et tendance à la neurasthénie.

Main pointue: c'est une main qu'on appelle aussi mystique et aristocratique. C'est une main d'artiste qui marque l'intuition, l'imagination, l'idéalisme, mais aussi une tendance à l'égoïsme et à l'avarice.

Main carrée: esprit positif. Energie. Objectivité. Intelligence pratique, aimant la précision, la beauté et la vérité. Aptitudes pour la médecine, la politique et les sciences.

Main spatulée: confiance en soi. Beaucoup d'initiative et d'enthousiasme. Main d'un individu gourmand, grand réalisateur de projets, mais guidé par ses impulsions.

Main conique: grande imagination. Méthode. Bon jugement. Caractère facile, aimable, charitable et affectueux.

Main recourbée en-dedans: manque de franchise, brutalité et avarice. Caractère envieux.

Main ouverte: franchise, optimisme et loyauté.

Main crochue: ambition.

Main humide (celle qui est constamment humide et non pas celle qui l'est sous l'effet d'une émotion): santé déficiente. Mauvaise circulation du sang. Sensualité toujours à la recherche du nouveau.

Main sèche: nervosité. Marque d'un individu qui sait dissimuler ses moindres sentiments.

Main velue: marque de virilité et de personnalité. Confiance en soi et ardeur au travail. Pour les femmes, c'est un signe de virilité et d'esprit de domination.

Main abondamment velue: homme d'esprit lourd et de nature sensuellement bestiale. Si la partie inférieure seulement est velue, l'homme possède un cerveau réalisateur et une grande vitalité.

Main non velue: nature efféminée.

Main à fossette: paresse et manque d'énergie.

La manière de joindre les mains

Il n'existe que deux manières de joindre les mains, la manière active et la manière passive. 53

1) *Manière active:* la droite domine la gauche, c'est-à-dire que le pouce droit est placé sur le pouce gauche, l'index droit étant entre le pouce et l'index gauche, etc. Si vos mains se joignent naturellement à la manière active, la droite l'emporte, vous êtes de ceux qui peuvent, par leur volonté, modifier la route du destin et lui donner votre empreinte.

2) *Manière passive:* la gauche dominant la droite, c'est-à-dire le pouce gauche sur le pouce droit, et ainsi de suite. Dans ce cas, il faut vous résigner et suivre les voies qui s'offrent à vous. Inutile de vous évader vers d'autres voies, car le destin vous ramènera sur le même chemin.

Ceux qui joignent les mains "droite en dessus" acceptent difficilement le fait accompli, par exemple un changement à leurs habitudes, etc. Ils réagissent à toute gêne.

Quant aux autres, ils prennent la vie du bon côté, on peut leur vendre facilement n'importe quoi.

54

Les mains scellées ensemble révèlent une personne autonome et peu communicative. 54

Dans la vie, nous rencontrons deux sortes de gens, des droitiers et des gauchers. De nos jours, il y a plus de gauchers dans le monde qu'avant, surtout sur le continent américain.

Mais il existe un moyen pour savoir de façon certaine si vous êtes gaucher ou droitier: vous mettez vos deux pouces côte à côte et vous les observez bien. Le pouce dont l'ongle est le plus large et le plus carré à la base est celui de la main que vous utilisez le plus.

La poignée de main

La poignée de main, contact direct avec autrui, est le plus révélateur de tous les gestes. On s'en sert pour saluer, pour féliciter, pour remercier, pour consoler, etc.

La première poignée de main que nous échangeons avec une personne devrait nous éclairer sur ce que nous voulons savoir d'elle car c'est la clé pour la connaissance du caractère. Tendre la main, c'est aller à la rencontre de quelqu'un. Accomplir ce geste vous permettra d'observer son regard, son port de tête, son attitude et sa posture et vous renseignera sur son comportement envers vous.

Les poignées de main varient d'un pays à l'autre. En Angleterre ainsi qu'au Canada, aux Etats-Unis et dans les pays de langue anglaise en général, on ne serre la main qu'aux grandes occasions. En France, ce geste est monnaie courante, on se serre la main en toute circonstance. Dans quelques pays africains, on claque les doigts après chaque poignée de main pour signifier la liberté.

55

De bons amis, par ailleurs, se serrent la main droite en prenant l'avant-bras ou l'épaule droite de l'autre avec la main gauche.

Les femmes, lorsqu'elles veulent exprimer un sentiment sincère à une autre femme, surtout dans un malheur, tiennent doucement les mains de l'autre dans les leurs, avec une expression faciale congrue et communiquent ainsi leur profonde sympathie.

Mais il y a bien des façons de donner une poignée de main. La meilleure poignée de main est celle où l'on vous prend toute la main en la serrant normalement, sans brutalité, d'une pression assez rapide, sur la partie située au niveau des monts.

La poignée de main franche, nette, sans pression exagérée, et qu'on sent tout de même dénote une personne loyale et active.

La poignée de main molle, sans consistance annonce une nature sans vigueur, malléable et influençable.

La poignée de main molle et fugitive, avec le visage qui se détourne, trahit une attitude de refus.

Le bras retombant lourdement après avoir serré votre main prouve que votre interlocuteur est découragé ou en mauvaise santé.

La poignée de main creuse dénote que votre interlocuteur vous aborde avec beaucoup de précaution et de réserve. C'est la poignée d'un être défiant, envieux et qui ne veut pas vous dire sa pensée.

La poignée de main brutale qui broie vos phalanges est celle d'un être emporté, généralement sujet à des moments de dépression et qui masque son manque de volonté.

Les personnes qui gardent votre main sans se décider à l'abandonner dénotent moins une grande sensibilité qu'un esprit indécis et hésitant.

La poignée de main qui s'attarde peut aussi signifier que la personne est sensuelle; d'autres fois, elle marque un désir d'emprise sur vous.

La poignée de main hâtive marque l'indifférence en même temps que la nervosité.

La poignée de main sèche et rapide, avec le regard qui plonge dans vos yeux, est celle d'un tempérament "militaire", dynamique.

La poignée de main enveloppante, longue, où l'on vous secoue la main à plusieurs reprises, est un geste "commercial".

La personne qui vient à vous les deux mains tendues, et vous emprisonne les vôtres entre les deux siennes, annonce un sujet qui veut se faire aimer et désirer.

La poignée de main moite dénote une personne émotive, nerveuse, timide et de nature complexe.

Celui qui prend juste le bout des doigts se livre difficilement; même s'il paraît aimable, vous ne le connaîtrez jamais complètement. C'est un personnage complexe, mais généralement délicat. De plus, on ne peut pas se confier à lui ni compter sur son aide.

Celui qui emprisonne tous vos doigts, mais sans dépasser leur base, exprime moins de retenue sans être toutefois très expansif.

Celui qui nous tend tout juste les trois doigts unis se croit exceptionnel, mais n'est qu'un être vaniteux. Quant à celui qui écarte ses trois doigts, attention à lui, car vous avez à faire à un être dangereux.

Si, en serrant la main de quelqu'un, vous sentez le bout de ses doigts mous, cela indique que votre interlocuteur a peur de vous. Par contre, si le bout des doigts est osseux et dur, vous vous trouvez en présence d'un avare.

Lorsque quelqu'un vous serre la main, vous devez aussi observer si le dos de sa main se trouve vers le haut ou vers le bas. Ceci est très important dans l'étude de la poignée de main.

Par exemple, celui qui veut vous dominer tourne le dos de la main vers le haut. Quant à celui qui est de nature franche, mais, par contre, manque d'indépendance, le dos de sa main se tourne vers le bas.

Si la main est tendue, la paume tournée vers le bas et hésitante, cela dénote un manque de franchise. Cette personne n'est jamais d'accord avec son interlocuteur.

Quant à la main tendue ouverte, la paume tournée vers le haut, elle indique que la personne est franche et sympathique.

Les mains fermées dénotent la virilité et les mains ouvertes symbolisent la féminité.

L'aspect général des bras

Nous savons tous qu'une bonne proportion des membres et du corps reflète une harmonie générale. Malheureusement, il y a des hommes qui viennent au monde avec des bras disproportionnés. Et voici ce qu'un examen des membres peut amener à conclure, les bras ayant aussi leur langage.

Bras courts et osseux: adresse, maîtrise de soi, bonne orientation, sang-froid et rapidité de décision.

Bras courts et mous: tempérament féminin chez l'homme et attitude infantile chez la femme, mais caractère raffiné.

Bras longs et maigres: intelligence; marque d'un esprit sachant prendre la vie du bon côté et comportement masculin.

Bras longs et musclés: type sportif, réflexion posée et force.

Bras poilus: inconstance en amour et caractère changeant. Tendance aux commérages chez la femme.

Bras tordus: tempérament arrogant et prétentieux.

II
Les gestes de la vie quotidienne

Les gestes quotidiens, tels que jouer avec des objets divers, se ronger les ongles, se frotter la nuque, l'oreille ou le nez se font surtout avec les bras et les mains. Un expert peut, à partir d'un seul détail, analyser l'homme tout entier, quoiqu'il faille, ici comme ailleurs, se garder des conclusions hâtives.

De l'examen des gestes de la vie courante, on peut donc tirer des renseignements fort utiles sur l'âme humaine.

Les gestes courts et rapides dénotent un individu qui aime les détails, comprend vite et voit rapidement les choses. C'est un être qui peut aussi avoir des colères concentrées. Enfin, c'est la marque d'un esprit imaginatif et parfois même exagéré.

Les gestes courts, lents et sans vigueur indiquent un caractère calme, réfléchi, pratique et travaillant avec méthode, mais indifférent. Ce ne sont pas les gestes d'un paresseux, comme on pourrait le penser.

Les gestes amples et rapides dévoilent l'optimisme, la passion, parfois une tendance à dissimuler la vérité. Ce sont les gestes d'une personne qui travaille vite et que son travail absorbe.

Les gestes discrets et mesurés révèlent une personne très lente dans ses décisions et peu réceptive aux nouvelles idées.

Les gestes amples et lents sont ceux d'un individu de grande volonté, ambitieux et autoritaire, qui a tendance à l'emportement plus qu'à la colère, mais fait toujours preuve de force de caractère. Il travaille vite et prend des décisions rapides, car son activité intellectuelle est très grande.

Les gestes arrondis appartiennent aux femmes, aux artistes, surtout aux peintres.

La personne qui brandit souvent son index est prétentieuse; elle essaie toujours de convaincre son interlocuteur.

L'individu qui a les mains étendues et les avant-bras tenus en avant, se frotte les paumes à plat par un mouvement rapide des coudes et des épaules, exprime une joie prochaine, une aubaine ou l'affirmation de soi. Il cherche la satisfaction dans la mise à exécution d'un projet.

L'individu qui rapproche les paumes de ses mains tout en entrelaçant ses doigts révèle sa satisfaction et sa confiance en soi.

Celui qui agite énormément les bras en marchant est en général quelqu'un auquel l'opinion d'autrui importe peu.

Le geste où, les paumes tournées vers soi, l'une des mains caresse de sa face palmaire le dos de l'autre dénote un tempérament imaginatif qui est plus tourné vers les problèmes théoriques que vers les problèmes pratiques. C'est le geste d'un égocentrique peu adapté à la réalité.

Le fait d'exposer la paume de la main exprime la loyauté et la bonne foi. Quand on accueille de bon coeur, par exemple, ou lorsqu'on jure, on tourne toujours ses paumes en dehors. Il en est de même pour une personne qui est attaquée, elle lève ses mains en l'air. Dans certaines religions, lorsqu'on fait appel à la divinité, on lève les mains avec les paumes exposées en dehors et les doigts écartés.

Celui qui commande quelque chose de répréhensible cache automatiquement ses paumes ou les retourne.

Le fait de se tenir les doigts écartés révèle de la passivité.

Les doigts se resserrent dans l'exaltation passionnelle ou lorsqu'on veut concentrer sa volonté.

Le fait d'écarter les paumes de la main, de telle façon que seuls les bouts des doigts se touchent, dénote une personne facilement influençable et très instable.

Presser ses mains l'une contre l'autre sans plier les doigts est le geste d'un vantard et d'un être impulsif.

Une personne de nature généreuse appuie légèrement une main contre l'autre.

Joindre les bouts des doigts ensemble, en flèche, est une attitude de confidence. Cela prouve que la personne est sûre de ce qu'elle dit et plus elle est importante dans sa position, plus elle lève ses mains en flèche. C'est un geste de fierté.56

Les mains ouvertes indiquent la sincérité. 57

56

57

49

Rapprocher ses mains en formant une sorte d'hémisphère est le propre d'une personne avare.

Quelqu'un qui, sans cesse, cache les paumes de ses mains en les frottant l'une contre l'autre ou en les joignant et en entrelaçant les doigts dénote un manque de sincérité et de conviction très profond.

58

Sur ce dessin, vous pouvez voir l'expression d'une personne qui a l'air de dire: "Qu'est-ce que vous voulez que je fasse?" Observez les enfants lorsqu'ils sont fiers de ce qu'ils ont fait, ils montrent toujours leurs mains ouvertement. Au contraire, lorsqu'ils ont fait quelque chose de mal, ils cachent leurs mains soit dans leurs poches, soit derrière leur dos.

L'individu qui serre son poignet dans une main annonce qu'on peut avoir confiance en lui, car il est bien équilibré et d'humeur égale.

Le bras soulevé et écarté du corps, retombant lourdement, comme avec découragement, est le signe de la résignation, de la passivité et un symptôme d'une absence de résistance.

Les bras collés de chaque côté du corps, ou croisés sur la poitrine, indiquent une personne fermée ou réservée.

Quelqu'un qui manque d'assurance en parlant va mettre les mains dans ses poches, les sortir et les y replonger. Ce sont aussi des gestes qui expriment un refus de subir la moindre surveillance de la part d'autrui.

59

60

Lorsque dans une discussion un individu se tient debout les bras croisés, c'est qu'il est sûr de lui et de ce qu'il dit. C'est une posture défensive. S'il tient ses poings fermés sous les bras et bien serrés, ou encore si ses doigts tiennent ses biceps, c'est qu'il est sur la défensive.59

Dans une discussion, si votre adversaire se tient un poignet de son autre main, cela signifie qu'il n'a pas l'intention d'abandonner la partie.

Un individu excité qui agite les mains de façon très vive exprime ainsi sa grande nervosité. C'est un être plein d'enthousiasme, mais qui ignore les règles du savoir-vivre. Il prend des décisions hâtives et irréfléchies et s'affole pour un rien. Il perd d'ailleurs en gesticulant une très grande quantité de force nerveuse, ce qui affaiblit d'autant sa possession de lui.

Tel autre, qui ne sait pas que faire de ses mains, joue sans arrêt avec les objets qui sont à sa portée, plie des feuilles de papier, déplace les objets sur sa table, crayonne, etc. Cela révèle qu'il est mal à l'aise; il a hâte que la conversation se termine. Bref, c'est aussi un nerveux.

Mettre une serviette en lambeaux ou écraser un mégot déjà éteint indique une personne agitée intérieurement.

Les gens qui tapotent légèrement sur la table avec leurs doigts expriment leur impatience. 60

Quelqu'un qui se tient les coudes sur la table et la tête entre les mains est actif et entreprenant. C'est un être qui jouit d'une assurance impertinente et qui est enclin aux confidences.

61

Si l'individu, tout en parlant, met ses mains dans les poches de son pantalon, c'est qu'il a quelque chose à cacher ou qu'il manque d'assurance. *61*

Faire tinter des pièces de monnaie dans sa poche est l'indice d'une personne qui s'intéresse à l'argent ou qui en manque.

Un conférencier qui parle pour la première fois devant son auditoire et qui ne peut garder ses mains au repos incite son public à suivre des yeux ses mouvements. Finalement, ses auditeurs n'écoutent plus ses paroles. Ainsi le conférencier trahit le trac qui l'a saisi.

Vous avez certainement remarqué certaines personnes qui, au cours d'une discussion, roulent nerveusement des boulettes de papier entre leurs doigts. C'est là leur seul moyen de dissimuler leur nervosité et leur agitation. Quant aux boulettes de papier, elles symbolisent l'étouffement de désirs défendus.

Appuyer sa tempe sur son poing fortement fermé est signe de décision et d'effort. Le pouce placé sous la mâchoire et le dos de la main tourné en avant de telle manière que l'index encercle le menton en cachant très peu la lèvre inférieure signifie que l'individu qui se tient ainsi est prêt à l'attaque.

Une personne qui porte continuellement ses doigts ou toutes sortes d'objets à la bouche: crayons, papiers, paille, etc., est généralement très nerveuse et dominée par des désirs insatisfaits.

62

Un individu qui se touche sans cesse le visage avec les doigts peut être jaloux, avare et cruel. Mais généralement le fait de se toucher le nez, les oreilles, la bouche, les yeux, la nuque ou le menton trahit l'inquiétude, l'absence de confiance en soi et un sentiment d'incertitude.

Plus spécifiquement, se tirer l'oreille est le geste de celui qui ressent de la gêne, mais aussi de celui qui veut interrompre une conversation. 62

Par ailleurs, celui qui doit prendre une grande décision ou donner un conseil important se touche ou se frotte souvent le nez avec l'index. Ce geste révèle un caractère réfléchi et prudent mais aussi irrésolu. D'une manière générale, c'est un signe de rejet, de doute et de négociation. Posez à un adolescent une question sur une matière qu'il étudie, mais qu'il ne connaît pas très bien, il aura de la difficulté à répondre et touchera ou frottera légèrement son nez. Ce geste est aussi souvent utilisé par les orateurs, dès le moment où il ne savent plus comment aborder le sujet ou s'ils doutent de ce que sera la réaction de l'auditoire. Se frotter le nez accompagne en général un refus ou une divergence d'opinion. 64

Un homme portant une moustache promène son doigt sur sa moustache lorsqu'une décision importante est sur le point d'être prise.

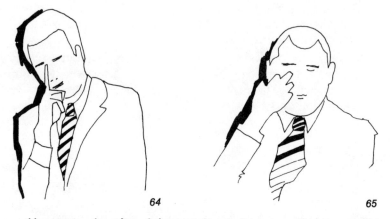

64 65

Un geste de gêne fréquent lorsqu'on ne sait pas quelle réponse donner ou qu'on est intimidé, c'est de se gratter derrière ou à côté de l'oreille avec l'index.

Un autre geste de doute bien typique consiste à se frotter l'oeil comme si l'on voulait dire: "Je ne vois pas." 65

Se frotter continuellement les mains est un signe de manque d'assurance, d'agitation intérieure, de la peur qu'on a d'être critiqué et de contrariété en général. C'est le geste d'un être ayant des complexes, mais possédant en même temps des capacités exceptionnelles.

S'il pose ses mains sur ses genoux et non pas sur la table ou sur les accoudoirs de son fauteuil, c'est un timide.

Le fait de lisser ses cheveux ou de se gratter la tête. est un indice de perplexité, de doute et de lutte intérieure. 66

Par ailleurs, une personne se frotte la nuque à la naissance des cheveux, c'est un signe typique de timidité. L'individu redoute un éventuel échec.

Quelqu'un qui agite les mains plus vivement qu'à l'accoutumée dénote son impatience.

Les individus qui se rongent les ongles trahissent une anxiété profonde ou la tension due à certaines circonstances. Ils ont tendance à se punir eux-mêmes. Quand il s'agit d'hommes, s'ils se marient, ils font des maris volages et libertins.

Si une personne parle en se couvrant la bouche de la main, c'est qu'elle n'est pas sûre de ce qu'elle dit, mais cela peut aussi signifier qu'elle ment. 67

Parfois une personne fait le geste d'une évaluation critique, c'est-à-dire qu'elle amène sa main à son visage, met son menton dans la paume de sa main et son index dans le prolongement de sa joue, le reste des doigts étant placés sous la bouche. 68

67

68

66

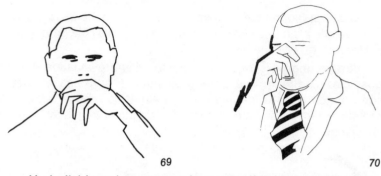

69

70

Un individu qui se caresse le menton fait le geste d'évaluation qu'on utilise lorsqu'on doit prendre une décision. Par exemple, ceux qui jouent aux échecs utilisent souvent ce geste jusqu'au moment où la décision du prochain mouvement est prise. Ils cessent alors automatiquement de se caresser le menton. 69

Quelqu'un qui fait continuellement le geste de desserrer son col de son index recourbé exprime un déséquilibre moral. Il a un caractère orgueilleux, vaniteux et manque de réalisme. Il se prend souvent pour un autre.

Lorsque vous complimentez quelqu'un sur sa cravate, il va automatiquement la toucher ou l'arranger. Quelqu'un qui arrange sa cravate veut paraître beau et plaire à tout le monde. Il est vaniteux et veut impressionner autrui par sa façon de s'habiller.

Se pincer l'arête du nez en fermant les yeux indique qu'on se concentre intensément sur une décision à prendre. 70

Une personne en conflit avec elle-même peut avoir le geste de baisser la tête et de se pincer le haut du nez pour vérifier si elle est réellement éveillée ou si ceci n'est qu'un mauvais rêve. C'est aussi un geste d'embarras.

Se lever brusquement et se rasseoir de la même façon dénote de l'impatience.

Les gens qui font des gestes gauches sont généralement des gens qui se contrôlent mal, souvent impulsifs et nerveux, parfois soupçonneux.

71   72

Lorsque vous abordez un sujet délicat qui touche votre interlocuteur, sa main gauche va monter et il va essayer de se couvrir la bouche avant de parler ou pendant qu'il parle.

Tous les gestes négatifs trahissent le doute, le rejet, le soupçon et l'incertitude.

L'attitude la plus évidente de rejet est la suivante: bras croisés, corps déplacé, jambes croisées et tête inclinée vers l'avant.

Vous pouvez reconnaître facilement celui qui prend un taxi pour la première fois ou n'est pas un habitué; il fait de grands gestes, des mouvements avec les bras pour arrêter un taxi.

Lorsque vous voyez quelqu'un qui regarde l'heure à sa montre et ensuite baisse son bras, demandez-lui l'heure; vous le verrez de nouveau examiner sa montre, car c'est un geste d'habitude, il n'a pas en réalité retenu l'heure la première fois.

Cet homme est extrêmement prudent dans ses paroles. On reconnaît cette prudence au fait que son veston est boutonné, une de ses mains étant occupée avec un verre et l'autre dans sa poche. Lorsque le veston ou le manteau sont boutonnés, cela dénote un homme fermé. 71

L'individu est ouvert à tout ce qui est dit et prêt pour l'action. En général, le veston ou le manteau déboutonnés signifient que la personne s'intéresse à ce que vous lui dites. 72

L'impatient se trahit par le registre de sa voix qui tout à coup monte légèrement.

73

Se couvrir la bouche de la main pendant une conversation est un geste de surprise. On fait aussi ce geste lorsqu'on laisse échapper des mots qu'on ne voulait pas dire.73

74

Etaler ses mains sur la table est le geste d'un individu déterminé qui a quelque chose à dire, qui souhaite découvrir ses émotions, ou c'est le geste de quelqu'un qui en a assez. 74

75

Les gens qui sont fâchés mettent leurs bras derrière leur dos et serrent leurs mains bien fort, une main tenant le poignet de l'autre bras ou le bras lui-même. C'est un geste indiquant la maîtrise de soi. 75

76

77

Se mettre les mains sur la poitrine est un geste d'honnêteté. Par contre, un individu qui, pour souligner ses paroles, se met une main sur le coeur peut être un menteur. 76

Sur le dessin ci-dessus vous voyez le comportement d'un homme frustré. Cet individu ne regarde pas son interlocuteur en face, mais fixe son regard sur un objet situé dans la pièce; c'est un timide. Cette personne est affligée de rougeurs ou de pâleurs passagères du visage pendant l'entretien. Elle avale sa salive avec difficulté, ou encore émet de faibles mais perceptibles borborygmes stomacaux. 77

Lisser ses cheveux est un geste bien féminin. Chez les hommes, c'est un geste qui dénote peut-être un manque de virilité.

Comment portez-vous vos lunettes?

Il y a deux sortes de gens qui portent des lunettes. Les uns, c'est pour corriger leur vue et les autres, c'est pour se donner un genre. (Cette dernière remarque s'applique surtout aux gens qui portent des lunettes de soleil.)

79

80

Remarquons que la mode des dernières années qui consiste à porter ses lunettes sur la tête encerclant les cheveux n'a pas de signification particulière, sinon qu'elle est le fait des femmes jeunes et à la page.*79*

Généralement, les personnes qui portent des lunettes sont estimées et passent pour intelligentes et honnêtes. Les lunettes jouent aussi un grand rôle dans l'étude des gestes. Par exemple, lorsque, pour mieux penser, un personnage ôte tout doucement ses lunettes et, avec des gestes lents de va-et-vient, essuie les verres, c'est qu'il s'agit de négociations difficiles et qu'il veut gagner du temps.

Un geste proche de ce dernier et qui vise aussi à gagner du temps consiste à ôter ses lunettes et à mettre le bout d'une branche dans sa bouche.*80*

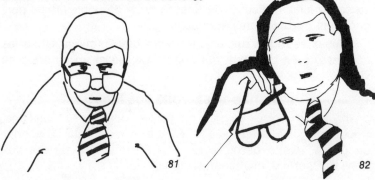

81

82

Un geste d'évaluation qui a un effet négatif du point de vue émotionnel sur les autres est celui qui consiste à baisser ses lunettes sur le bout de son nez et à scruter à travers. C'est une attitude négative. [81]

Il y a aussi ce geste d'ôter ses lunettes lentement ou vite et de les jeter sur la table pour dire: "Là vous allez trop loin."

Voici la pose caractéristique d'un agent acheteur que vous voyez sur le dessin ci-dessus.Il agit plutôt en spectateur qu'en participant, car il aime voir le vendeur se tortiller et vanter ses produits. Le vendeur doit savoir, si l'acheteur pose ses lunettes sur la table, que cela signifie: "En voilà assez! Sortez!" Et si ensuite il croise ses bras,cela veut dire:"Votre temps expire."[82]

Au tribunal, le juge qui croit l'accusé coupable enlève rarement ses lunettes.

La façon de boire

Très curieuse à observer est la manière de boire des individus. Elle nous renseigne sur l'importance des instincts matériels dans leur vie. Mais attention, il ne faut pas juger quelqu'un qui est pressé et qui avale une boisson d'un trait avant de quitter les lieux, car ce n'est pas là un geste naturel. Cela se produit dans des circonstances imprévues.

Voici quelques observations générales:

Boire lentement par longues gorgées dénote la sensualité.

Boire lentement par petites gorgées signifie que l'individu accorde de l'importance aux satisfactions matérielles de la vie.

Boire rapidement d'un seul trait prouve que la personne en question a l'esprit dirigé vers d'autres plaisirs de la vie et qu'elle ne s'intéresse pas aux plaisirs des sens en général.

Parler verre en main et oublier de boire dénote qu'on donne plus d'importance aux plaisirs de l'esprit, mais qu'on ne repousse cependant pas les autres.

Oublier de finir son verre: c'est la marque d'un type distrait qui manque de suite dans les idées.

La façon de manger

Chacun a sa façon d'absorber les aliments. La façon de manger dénote des manières raffinées ou grossières et d'une manière générale la condition sociale et le caractère d'une personne.

En observant la façon dont les personnes mangent, vous pouvez aussi deviner de quelle nationalité elles sont.

Les Européens et les gens bien élevés gardent leur fourchette dans la main gauche, tandis que les Américains du Nord tiennent leur fourchette de la main droite.

Dans l'intimité lorsqu'il a fini de manger, un Français nettoie son assiette avec un morceau de pain afin qu'il ne reste aucune trace de nourriture.

Voici quelques "trucs" qui vous permettront de déceler des tendances précises chez les autres:

Celui qui abat mollement la main sur une assiette chargée de fruits, la paume ouverte et les doigts écartés pour venir presser le plus gros fruit, est un individu glouton et insatiable. C'est un incompris, et il a de la difficulté à trouver quelqu'un qui lui plaît.

Celui qui s'assoit près du plat en posant les deux avant-bras sur la table, les doigts fléchis, est un individu sensible et intuitif.

L'individu qui s'assoit loin de la table, dans une posture rigide, les mains inertes, est à tout coup un timide.

La façon de sonner

La manière de sonner est révélatrice des tendances précises d'une personne. Voici quelques significations de différents coups de sonnette:

Sonner d'un coup bref: dénote un personnage à l'esprit rapide qui a un grand besoin d'activité.

Sonner doucement: indique un individu timide.

Sonner longuement: révèle un type méthodique et précis.

Sonner deux fois de suite: il s'agit d'un habitué de la maison.

Jouer un petit air au moyen de coups lents et précipités: dénote un personnage qui aime se faire remarquer.

Lorsque vous sonnez chez quelqu'un, c'est généralement la maîtresse de maison qui ouvre. Mais s'il s'agit d'un couple illégitime, il est amusant de constater que souvent vous verrez les deux têtes se montrer dans l'embrasure, peut-être parce qu'un tel couple se méfie de tout le monde!

La façon de parler au téléphone

Tout le monde gesticule, que ce soit devant un interlocuteur ou en parlant au téléphone. Et plus la conversation est excitante, plus on gesticule. Au téléphone souvent, on passe le récepteur d'une main à l'autre.

A observer quelqu'un au téléphone, on peut en tirer plus d'informations sur lui que celui qui l'écoute au bout du fil.

En général, lorsque le téléphone sonne chez un couple marié, c'est la femme qui va répondre. Quant au bavard, lorsque son téléphone sonne, il apporte une chaise en allant répondre.

Voici quelques comportements de personnes parlant au téléphone:

Faire des griffonnages: en Europe, le griffonnage n'est pas aussi à la mode que chez nous, car là-bas le téléphone coûte trop cher et on ne peut pas se permettre d'occuper trop longtemps une ligne. On n'a donc pas le temps de faire des petits dessins. Chez nous, le griffonnage au téléphone est monnaie courante. Et plus la conversation est ennuyeuse, plus on gribouille. (Plus loin dans ce livre nous allons examiner la signification des griffonnages.)

Se mettre les pieds sur le bureau: les directeurs de compagnie, les patrons, ceux qui se sentent puissants et ont confiance en eux mettent leurs pieds sur leur bureau en parlant au téléphone.

S'occuper de sa toilette: des gestes courants chez les femmes et chez les hommes au téléphone consistent à ajuster sa cravate, tirer sa robe, s'arranger les cheveux. Lorsqu'une jeune fille parle à son bien-aimé, elle tient parfois un miroir où elle se regarde.

Ouvrir et fermer le tiroir de son bureau: au téléphone, un patron, lorsqu'il est en face d'un problème complexe, tire et pousse son tiroir en un mouvement de va-et-vient. C'est un geste de méditation. Aussitôt qu'il a trouvé une solution, il ferme son tiroir d'un trait, se met debout et donne sa réponse.

Couvrir le microphone avec la main: quelqu'un qui a un secret à transmettre au téléphone abrite en général de sa main le microphone comme pour empêcher que ce qu'il dit se répande.

Gestes d'un fumeur: lorsqu'un fumeur a une conversation très intéressante au téléphone, c'est très rare qu'il tienne sa cigarette pendant qu'il parle ou écoute. Il la pose à côté de lui et revient à elle de temps à autre. Par contre, si le ton de la conversation s'échauffe, il prend sa cigarette et tape dessus nerveusement pour en faire tomber la cendre.

Se bercer sur une chaise: un patron se berce d'avant en arrière lorsqu'il est au téléphone et a le contrôle de la situation, ou lorsqu'il pense que les affaires vont marcher en sa faveur. Si cette conviction change, ses gestes changent machinalement. Il arrête de se bercer, ramasse les objets qui sont sur le bureau et les repose avec force.

Position debout: nous restons rarement debout lorsque nous parlons au téléphone, à moins que ça ne soit dans une cabine téléphonique. Nous avons néanmoins tendance à rester debout lorsque nous sommes pressés ou lorsque la conversation est ennuyeuse et que nous voulons en finir. Nous nous tiendrons également debout lorsque nous devons prendre une décision, lorsque nous sommes surpris ou choqués.

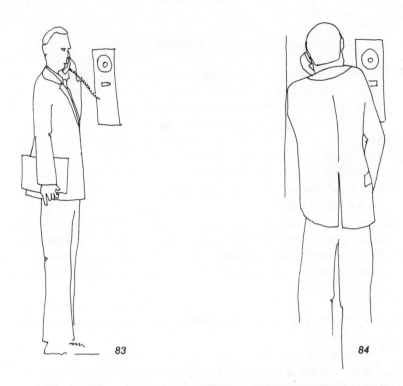

83

84

Lorsque vous voyez dans une cabine téléphonique un homme se tenant bien droit, habillé impeccablement avec son manteau boutonné, vous pouvez être sûr que c'est un vendeur parlant à un client.83 Tel autre qui rentre dans la cabine, pose sa serviette sur la tablette et déboutonne son manteau, vous pouvez être certain qu'il va rester longtemps à l'appareil. C'est un bavard! Si un homme dans une cabine téléphonique a l'air de faire reposer tout le poids de son corps sur un pied, la tête baissée, le menton tombant sur la poitrine et que, tout en regardant le plancher, il dit "oui, oui", c'est que la conversation l'ennuie. C'est peut-être sa femme qui est à l'autre bout du fil!

L'homme qui parle à sa fiancée ou à sa maîtresse a le visage caché dans la cabine téléphonique et montre le dos aux passants. Sa tête est un peu penchée sur le côté et il s'appuie de son épaule gauche sur le mur de la cabine. 84

Pourquoi fume-t-on?

Peut-être n'avez-vous jamais contracté ce vice ou peut-être l'avez-vous abandonné? Mais si tel n'est pas le cas, étudiez-vous vous-même et observez les autres.

Le fumeur est comme l'enfant qui, au moment où il pleure parce qu'on l'a puni ou qu'on lui interdit quelque chose, porte à sa bouche son pouce pour le sucer. La cigarette que l'adulte fumeur porte à sa bouche remplace le pouce, car il prolonge une habitude de l'enfance par ce besoin de porter quelque chose à sa bouche.

Il existe plusieurs raisons de fumer. D'abord, fumer, c'est prouver qu'on est "grand". On fume pour passer le temps, lorsqu'on ne sent plus la pression du travail et au moment de la détente, ou au contraire comme soupape à la tension et aux préoccupations.

Observez les fumeurs. Lorsqu'ils participent à une discussion animée et se sentent attaqués, ils allument immédiatement une cigarette.

Observez aussi ceux qui, revenant en auto des Etats-Unis, avant d'arriver à la douane, allument une cigarette; c'est un signe d'inquiétude, de nervosité. Ou ceux qui, attendant au tribunal pour payer une infraction, n'ayant pas le droit de fumer dans la salle, mettent la main dans la poche de la veste pour tâter leur paquet de cigarettes. Ce geste leur redonne confiance. Ils vont le sortir, le tripoter et le remettre à sa place, et répéter plusieurs fois ce manège.

J'ai remarqué plusieurs fois, étant dans un studio de télévision devant les caméras, que lorsqu'une personne qui fume beaucoup est interrogée devant les caméras, même si elle est tendue, elle ne fume pas. Mais une fois sortie des studios elle attaque immédiatement une cigarette.

Comment tenez-vous votre cigarette?

Il y a plusieurs façons de tenir sa cigarette. Voici les plus usitées:

Cigarette tenue horizontalement entre le pouce et l'index: individu très extraverti, sans détour, affirmé, d'une activité débordante. Cache cependant une anxiété souvent grave. Vous le reconnaîtrez au geste qu'il fait souvent d'allumer une cigarette au mégot de la précédente. 85

Cigarette tenue par l'extrémité des doigts en extension: signe d'élégance et de raffinement. Dénote une nature nerveuse à dominante intellectuelle, passant sans transition du pessimisme à l'optimisme et aussi une tendance à se surestimer. Et si le geste est exagéré, cela prouve que la personne est snob. 86

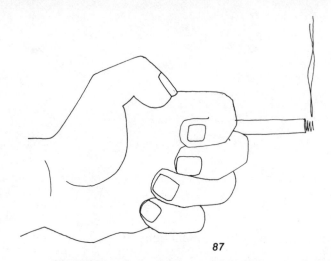

87

Cigarette tenue près de la racine des doigts fléchis: c'est un geste masculin qui dénote un certain manque de scrupules. C'est le propre d'un tempérament pratique porté à l'action, d'un tenace méthodique qui ne s'avoue jamais vaincu. Il est difficile de l'avoir pour ami, mais si vous y réussissez, c'est pour la vie. 87

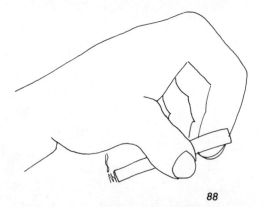

88

Si le bout allumé de la cigarette est tourné vers la paume, c'est le type dissimulateur. Il n'est pas franc, mais il est intelligent et possède une grande faculté de concentration. Il aime une vie réglée et agréable. Il est en général d'une très grande résistance physique. 88

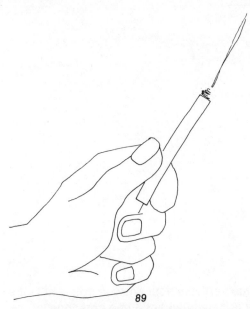

89

Cigarette tenue verticalement entre le pouce et l'index: jalousie, agressivité, courage et intrépidité. Cette personne mène sa vie comme un combat. *89*

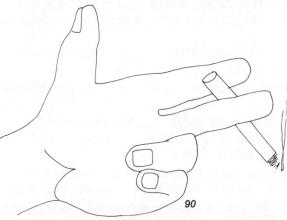

90

La cigarette pointée vers le bas et tenue entre l'index et le majeur dénote un individu stable, réfléchi, prudent et scrupuleux. On peut avoir confiance en lui. C'est une personne d'une excellente résistance physique. *90*

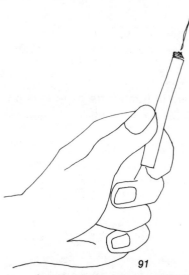

91

La cigarette tenue verticalement entre le pouce et l'index et penchée vers la gauche indique une personne influençable, très sensible qu'on peut séduire facilement et qui se fatigue bien vite. 91

Si la cigarette est pointée vers vous d'une façon agressive, vous avez à faire à une personne qui va droit au but.

En général une cigarette tenue du bout des doigts dénote une grande sensibilité.

Celui qui allume cigarette sur cigarette montre son impatience.

La cigarette qui reste collée aux lèvres quand le fumeur parle dénote un individu opiniâtre, mais manquant de largeur de vue et de souplesse.

Celui qui fume sa cigarette jusqu'à la dernière bouffée, au risque de se brûler les lèvres, est sans doute un avare.

L'étourdi qui jette sa cigarette sans l'éteindre est peut-être en fait quelqu'un qui a peur de manquer! S'il n'a plus d'allumettes, il pourra toujours ramasser son mégot . . .

Un rustre fait tomber les cendres de sa cigarette sur le parquet.

Le fumeur qui s'acharne sur son mégot en l'écrasant avec force dans le cendrier pour le réduire en poussière dénote une grande agressivité, généralement cachée sous une apparence de sévérité et de discipline.

On peut reconnaître facilement le fumeur de cigarettes ou de cigare à la teinte plus foncée de son index et de son majeur.

Les fumeurs de pipe

En général, les fumeurs de pipe sont des ingénieurs, des hommes de science et les écrivains qui sont portés à la réflexion abstraite. Ils mettent plus de temps à prendre leurs décisions que ceux qui fument la cigarette.

Le fumeur de pipe donne une impression de patience. Il est généralement plus conservateur que le fumeur de cigarettes. Il affiche aussi une certaine affirmation de lui-même.

Le fumeur de pipe se trahit par la teinte foncée du pouce qu'il utilise pour presser les cendres dans sa pipe.

Les fumeurs de cigare

La moitié des fumeurs de cigare associent le cigare à un événement particulier.

Dans les affaires, on allume son cigare après qu'on a atteint son objectif. Fumer le cigare est un symbole de rang et un signe de richesse. Ceux qui le fument expriment leur confiance en eux, leur assurance et parfois une tendance à vouloir démontrer leur virilité.

Les fumeurs de cigare ont aussi une façon d'expirer la fumée différente de celle des fumeurs de cigarettes. En général, ils soufflent la fumée vers le haut, et d'autant plus haut qu'ils ont confiance en eux.

Les deux façons de frotter une allumette

L'allumette frottée vers l'extérieur dénote un individu sociable, ouvert, réaliste qui prend la vie du bon côté. C'est un type extraverti. 92

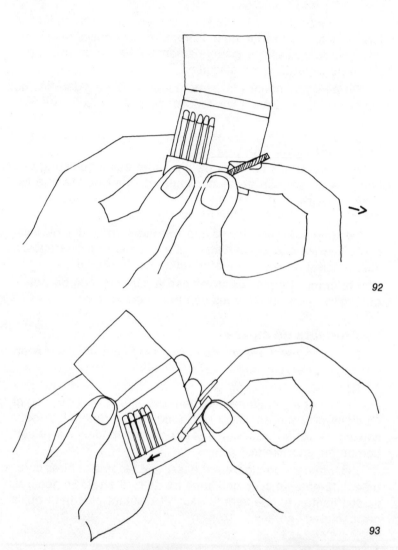

92

93

L'allumette frottée dans la direction inverse indique un égoïste, une personne renfermée et isolée qui évite les responsabilités et les difficultés quotidiennes. C'est un intraverti. 93

94

Les façons d'explrer la fumée

Il y a différentes manières d'expirer la fumée d'une ciga-

Celui qui expire la fumée vers le bas est guidé par l'instinct. Il est prudent et évite les dangers. 94

95

Quelqu'un qui ne fait que rejeter lá fumée aussitôt après l'avoir inspirée ne fume pas avec conviction, mais pour se faire remarquer. 95

96

La personne qui souffle la fumée très haut dans l'air, sait tirer le meilleur parti de la vie. Elle est optimiste, mais prend tout à la légère. 96

Quelqu'un qui expire la fumée droit devant lui connaît sa valeur et est certain de son avenir. 97

Celui qui expire la fumée par le nez révèle sa confiance en lui. Il a tendance à s'imposer, car il est certain de son infaillibilité. 98

Comment ouvrez-vous votre courrier?

Il y a plusieurs façons d'ouvrir le courrier. Les voici avec leur signification:

Ouvrir l'enveloppe très proprement, c'est-à-dire prendre la lettre dans sa main, l'examiner, la retourner et même la soupeser, puis introduire un coupe-papier dans l'angle de l'enveloppe en faisant bien attention de ne pas la déchirer trop dénote un individu soigneux, méthodique, organisé et même un peu maniaque. Ce comportement soigneux est appelé scientifique.

Ouvrir la lettre au doigt: cela signifie que la personne a le tempérament artiste (ou qu'elle n'a pas de coupe-papier sous la main!).

Déchirer un coin d'enveloppe d'une manière fébrile pour ensuite d'un doigt l'ouvrir brutalement est le geste d'un individu peu soigneux, nerveux et même paresseux.

Déchirer un coin d'enveloppe avec ses doigts est une méthode courante en France et à ce geste on peut reconnaître un Français.

De quelle façon jouez-vous aux échecs?

Au jeu d'échecs, on utilise toutes sortes de tactiques imaginables. Les joueurs professionnels connaissent bien les gestes instinctifs de leurs adversaires et cherchent à en tirer parti en les interprétant. Par exemple, celui qui ne sait pas quel mouvement faire se gratte la tête ou tripote sa cravate. Ou celui qui se trouve sur le point de prendre une décision se caresse le menton dans un geste d'évaluation. Au moment où la décision est prise à propos du prochain mouvement, le joueur arrête alors automatiquement de se caresser le menton.

Un joueur américain place son pied sur sa jambe en forme de quatre, lorsque la partie est douteuse. Lorsqu'elle lui redevient favorable et qu'il se sent en sécurité et sûr de gagner, il pose ses pieds sur le sol.

Comment conduisez-vous votre voiture?

Le comportement d'un individu au volant nous donne des indications précieuses sur son comportement général dans la vie. La façon de conduire une voiture est révélatrice du caractère. On a tendance à dire qu'on conduit comme on vit. Vous avez probablement remarqué que la plupart des gens changent complètement dès qu'ils se trouvent derrière un volant. Ils parlent et se tiennent différemment. En fait, au volant, les défauts ressortent plus nettement. Ainsi les gens égoïstes et impatients le sont encore plus quand ils conduisent.

Ceux qui passent une grande partie de leur vie dans la voiture, tels les représentants, se sentent très à l'aise dans leur auto.

En général, les personnes de petite taille aiment avoir de

grosses voitures. En agissant ainsi, elles dissimulent leur complexe d'infériorité.

Le conducteur agressif: celui qui manque d'assurance en matière de sexualité. Son comportement au volant se substitue aux satisfactions sexuelles et lui apporte un sentiment de virilité.

Automobiliste conduisant avec des gants: individu ayant des complexes d'infériorité et voulant les dissimuler.

Le bavard: ce conducteur parle sans arrêt, car il ne s'intéresse pas à son entourage. Et s'il parle avec ses mains dans le but d'impressionner son passager, c'est le signe d'une grande nervosité.

Tenir son volant avec deux doigts dénote un individu qui se comporte dans la vie de manière légère et vit dans l'aisance.

Ne pas garder une distance suffisante avec l'auto précédente: cette attitude indique un individu qui ne veut pas s'adapter à son entourage et ne se sent bien que lorsqu'il est seul. C'est aussi un signe d'égoïsme.

Conduire avec les deux mains: signe d'un homme équilibré et à qui on se peut fier.

Rouler à gauche: c'est un signe de timidité et de manque de volonté.

Doubler les autres voitures: c'est la marque d'un conducteur égoïste.

Conduire d'une façon inconsciente indique quelqu'un qui n'a pas les pieds sur terre, qui vit dans les nuages, peut-être temporairement d'ailleurs, à la suite d'un chagrin d'amour par exemple.

Freiner trop tôt: signe d'une prudence exagérée. Indique un chauffeur triste, économe et grincheux.

Freiner au dernier moment dénote un égoïste qui se moque des autres et qui aime vivre dangereusement.

Démarrer brusquement: cela remplace pour le conducteur des satisfactions absentes et cela indique qu'il a quelque chose à cacher.

Ignorer les signaux routiers est le fait d'un individu possessif, agressif et qui aime les querelles. Il s'agit d'un homme insatisfait et imprévisible.

La position des mains sur le volant

99

Les mains placées tout au haut du demi-cercle supérieur du volant, mais de manière assez détendue: le conducteur est tendu et obstiné, mais aussi déterminé. Il a de l'imagination, des goûts intellectuels et de la vitalité. Il est possessif et défend ses droits sur la route comme ailleurs. *99*

100

Les mains très rapprochées sur la partie inférieure du volant: cette attitude trahit un manque de confiance en soi. Intelligent, mélomane, indécis, ayant une mauvaise maîtrise de lui et instable, cet automobiliste se laisse toujours doubler. *100*

101

Les mains sur la ligne médiane mais à l'intérieur: cette pose indique un individu pessimiste et soupçonneux, d'un caractère mou. Il sait où il va, mais il ne se fie pas aux autres et se laisse dépasser sur la route. *101*

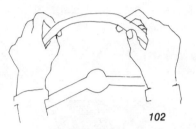

102

Les mains sur la partie supérieure du volant (les bras presque allongés): cette posture dénote un conducteur relaxé. Il est amical, plein de compréhension, calme et ne se soucie de rien. Par manque de réflexion, il risque de causer des accidents. *102*

103

Les mains cramponnées à la partie supérieure du volant (le buste incliné en avant, le visage presque contre le pare-brise): le conducteur est un anxieux qui redoute d'avoir un accident ou un débutant qui vient juste d'avoir son permis de conduire. *103*

104

Les mains sur la partie inférieure du volant: cette attitude annonce un conducteur brutal qui ne se laisse dépasser par personne, car il se prend au sérieux. *104*

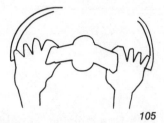

105

Les mains placées de part et d'autre de la ligne médiane du cercle: ce type d'individu est très discipliné, a confiance en lui et se contrôle bien. Très sûr de lui, il ne prend pas de risques, pas plus sur la route qu'ailleurs. 105

106

Celui qui conduit de la main droite uniquement: c'est le type beau parleur et orgueilleux; c'est un véritable danger sur la route. 106

107

Une main sur le volant et l'autre sur la poignée de changement de vitesse: cette attitude annonce un vrai sportif, plein de vitalité, alerte, pensant positivement. Bref, une personne qui aime à conduire. 107

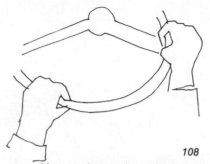

108

Une main sur la partie supérieure du demi-cercle et l'autre sur la partie inférieure: cette position dénote une personne ayant une grande confiance en soi, probablement gauchère. Elle n'est pas très ponctuelle, mais de caractère agréable.*108*

Le port de la ceinture de sécurité

Comme chacun le sait, la ceinture est obligatoire au Québec depuis le 15 août 1976.

Ceux qui l'utilisent, sont évidemment des gens disciplinés. Ils ont généralement le sens des responsabilités et sont conscients de leurs devoirs civiques.

Ceux qui ne l'utilisent pas sont de deux sortes. Il y a les conservateurs qui ne veulent pas changer leurs habitudes et qui ont confiance dans leur bonne étoile. Ils conduisent en général un modèle ancien, fument et mangent en conduisant, ont toujours la radio en marche. Et il y a les dissidents: non-conformistes, ils considèrent que le port de la ceinture brime leur liberté . . . en attendant de se faire arrêter par la police!

Dans les magasins

Beaucoup de femmes aiment aller faire des courses et dépenser leur argent dans les magasins. Quant aux hommes, c'est en général un cauchemar pour eux que d'y accompagner leur épouse. De l'avis des vendeuses, il est plutôt plus facile de vendre à un homme qu'à une femme, mais c'est là avant tout question de caractère. Les "meilleurs" clients sont les gens timides, les impatients et les gens pressés.

En général, les hommes et les gens pressés vont dans les magasins pour acheter quelque chose de bien précis et achètent vite. Les femmes au contraire ne prennent leur décision qu'en restant longtemps dans le même magasin et n'achètent qu'en connaissance de cause.

Les vendeurs experts peuvent dire facilement lorsque des clients s'intéressent vraiment à une marchandise, car leur pupilles se dilatent lorsqu'ils examinent celle-ci. Ainsi, ils peuvent juger un client d'après son comportement.

Par exemple, une femme qui, d'un grand geste, étale une pièce de tissu sur son corps tendu en allongeant une jambe en avant indique qu'elle a des idées générales sur tout. Elle est pratique, généreuse et gourmande.

Celle qui passe sur le tissu sa main étendue et nerveuse d'un geste large va choisir un tissu de couleur peu courante.

Telle autre qui, en achetant le tissu, le saisit entre le pouce et l'index en le pinçant pour juger son épaisseur et son élasticité connaît son affaire. C'est le geste typique d'une femme pratique qui sait ce qu'elle veut et ce n'est pas facile de lui vendre n'importe quoi.

Quelqu'un qui aime ce qu'il convoite, après l'avoir regardé pendant un instant, se dirige lentement vers le rayon et pose sa main sur l'objet de son choix. C'est le geste du connaisseur.

Il y a aussi celui qui touche à tout avec des gestes instinctifs, sans même y poser un regard, posant sa main sur chaque chose et ne gardant rien. C'est le type avide.

Le vendeur remarque le client qui, en rentrant dans son magasin, ferme soigneusement la porte et vérifie même si elle est bien fermée. Il s'agit là d'un individu qui réfléchit et hésite longuement. Il est difficile de le convaincre.

Avez-vous observé cet autre type de client qui entre dans le magasin en laissant la porte entrouverte pour garder libre la sortie, puis accepte volontiers la discussion? C'est là le client changeant, facilement enthousiasmé et qui dépense avec plaisir.

En général, lorsqu'une femme vient d'acheter quelque chose et qu'une de ses amies lui demande le prix qu'elle a payé, elle lui dira toujours un prix plus élevé que ce qu'elle a payé en réalité.

Le langage des amoureux

Lorsque quelqu'un vous plaît, vous avez tendance à le toucher en le tapotant sur le bras ou sur l'épaule. Et si vous aimez une personne, vous touchez sa main ou caressez sa joue. C'est que cette caresse est plus que ce que peuvent dire les mots. Ce toucher peut être intime aussi bien que sensuel. Donc, le toucher vous rapproche d'une personne physiquement et émotionnellement. Bref, lorsqu'on touche quelqu'un ou lorsqu'on est touché, il y a derrière ce geste un sentiment d'admiration et un désir de communication.

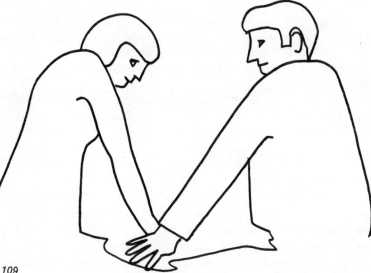

109

Le toucher exprime de l'assurance et un droit de possession. C'est un des aspects importants du rapport amoureux.
109

Les gestes par lesquels les *femmes* expriment aux hommes leur intérêt varient beaucoup. Leur geste le plus fréquent consiste à se lisser ou à s'arranger les cheveux ou la robe. Ou encore à se regarder dans un miroir.

Une autre de leurs manifestations d'intérêt consiste à se décroiser lentement les jambes devant un homme et à se caresser l'intérieur du mollet, du genou ou de la cuisse.

Si elle se sent à l'aise et détendue devant un homme, une femme va balancer délicatement son soulier sur son orteil.

Voici les signes auxquels on peut déceler qu'une femme est disponible dans une soirée: elle se dandine en traversant la pièce. Elle est assise sur une chaise, les jambes légèrement écartées. Elle peut même aller jusqu'à se caresser ou à se toucher les seins. Tout en parlant, elle peut aussi passer une main sur ses hanches ou marcher en les roulant langoureusement.

Par contre, lorsqu'une femme croise les bras sur sa poitrine, c'est la façon d'exprimer son refus du flirt, une manière de dire: "Je ne vous écouterai pas; je suis fermée à n'importe quelle avance". Ce geste aussi peut signifier la déception.

Lorsqu'une femme veut avoir avec un homme un rapport d'intimité, elle va jeter des coups d'oeil flirteurs, fixant ses yeux, mettant sa tête sur le côté, roulant ses hanches, croisant ses jambes en découvrant une partie de ses cuisses. Ou encore en mettant sa main sur sa hanche, ou exposant son poignet ou sa paume. Tous ces gestes veulent dire: "Viens t'asseoir près de moi, je voudrais faire ta connaissance."

110

Sur le dessin ci-dessus, vous voyez le comportement typique d'une femme qui veut dire à un homme: "Je suis intéressée par toi." *110*

111

Il est bien facile de reconnaître des amoureux, ils se promènent toujours la main dans la main, ou l'homme tenant la femme par la taille. En auto, ils sont serrés l'un contre l'autre et cela continue jusqu'à ce qu'ils soient mariés. Après plusieurs années de mariage, ils s'écartent l'un de l'autre dans l'auto jusqu'au moment où chacun est assis de son côté. *111*

112

Quant aux *hommes,* ils arrangent fréquemment leur cravate, ou encore s'inspectent avant de rencontrer quelqu'un, ajustent leurs boutons de manchettes, tirent leurs chaussettes vers le haut lorsqu'ils sont assis, et vérifient la propreté de leurs ongles. *112*

Dans une soirée ou dans une réunion d'amis, les femmes aiment observer tout le monde et écouter les hommes. Les hommes cherchent à impressionner les femmes avec de belles paroles: on dit que les hommes aiment avec les yeux et les femmes avec les oreilles!

Et à quoi peut-on reconnaître une vieille fille, ou une demoiselle qui est prédestinée à en devenir une? Tout d'abord à son habillement, à son comportement et à ses gestes. Par exemple, lorsqu'elle commence à parler à quelqu'un en se tenant les doigts devant la bouche; lorsqu'elle commence à dire que les hommes sont des bons à rien et qu'elle ne voudrait pas s'embarrasser d'un mari pour tout l'or du monde; quand elle se dit insatisfaite de la photo qu'a tirée d'elle son photographe; et enfin lorsqu'elle commence à dire qu'elle a refusé plus d'un bon parti!

Dans quelle position dormez-vous?

Nous passons un tiers de notre vie à dormir. Il est donc évident qu'on peut tirer des conclusions de notre sommeil, car notre caractère s'exprime aussi dans la position que nous prenons pour dormir.

Le matin, lorsqu'ils saluent quelqu'un, les Allemands ne demandent pas: "Comment ça va?", comme nous avons l'habitude de le faire, mais: "Avez-vous bien dormi?" Je trouve que c'est une très bonne coutume, car notre comportement dépend de la nuit que nous avons passée. Comme on dort, on est.

Vous avez certainement pu constater que celui qui a mal dormi est irrité, nerveux et qu'il vaut mieux de ne pas l'aborder.

Pendant notre sommeil, nous changeons au moins quarante fois de position. Ces dernières sont révélatrices de ce qui se passe dans notre corps et nous pouvons en tirer quelques conclusions:

Position dorsale avec les cuisses un peu remontées: indique une nature chicaneuse, irritable et nerveuse.[113]

Position dorsale avec les jambes allongées: indice d'un caractère autoritaire et égoïste.

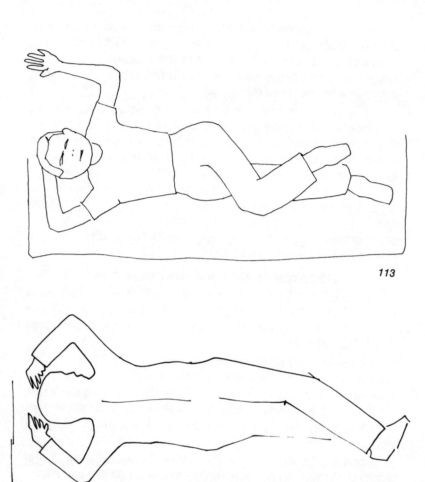

113

114

Position ventrale, bras près de la tête: annonce une personne égocentrique et réussissant bien dans son métier.
114
Position ventrale, corps incliné sur un côté: indice de sentimentalité et de modestie.

115

Se blottir contre l'oreiller annonce un manque de confiance en soi et la crainte de perdre quelque chose ou quelqu'un.

Tenir sa main près du menton en dormant est un signe
d'agressivité.

Les deux poings fermés du dormeur indiquent sa volonté
de dominer les autres.

La position foetale annonce la timidité, un caractère ren-
fermé, ayant peur d'affronter les difficultés quotidiennes.115

Les bras et les jambes croisés indiquent la peur de
l'échec.

Position étirée avec les membres étendus loin du corps:
rien n'inquiète ce dormeur. Il réussit toujours dans la vie!

Regardez vos enfants dormir

L'enfant lui aussi traduit dans son sommeil son état d'esprit
et ses préoccupations. A le regarder dormir, vous pouvez dire
s'il est épanoui ou tendu.

Lorsqu'il dort en dehors de ses couvertures, c'est un
enfant qui veut être considéré comme un adulte. Il est
sans complexe et indépendant.

Quant à celui qui serre son oreiller, il a besoin de sentir près de lui quelqu'un qu'il aime. C'est un indice de forte affectivité.

Le petit dort la tête enroulée avec l'oreiller, ou la tête cachée sous la couverture, comme s'il voulait se cacher: c'est le signe d'une certaine crainte, ou d'une grande insécurité.

Les mains élevées tenues au dessus de sa tête: il a confiance en ceux qui l'entourent et il est bien détendu.

Celui qui dort sur le dos, les mains posées sur le ventre, démontre sa parfaite santé.

S'il dort sur le côté, les jambes repliées, c'est un enfant qui a besoin de protection et de chaleur.

Le costume masculin

L'habillement joue un rôle important dans notre vie, car on est porté à nous juger sur notre apparence. C'est particulièrement vrai dans certaines circonstances, comme l'entrevue que l'on passe en vue d'un emploi. En effet, le premier jugement qu'on porte sur quelqu'un dépend des premières impressions qu'il provoque. A la seule vue de votre tenue vestimentaire, une personne avisée peut connaître votre niveau intellectuel, votre goût du beau et votre degré de raffinement.

En général d'ailleurs, nous avons tendance à croire que les gens de même apparence que nous sont semblables à nous.

Les vêtements sont le reflet de la personnalité et sont révélateurs du caractère. On reconnaît un homme à la position de son chapeau, à la couleur et au dessin de sa cravate, et à la manière de la porter.

Si le noeud papillon a presque complètement disparu, la *cravate,* quoiqu'elle ait perdu son ancienne prépondérance, se porte toujours. Elle est encore souvent pour l'homme une façon d'exprimer sa personnalité et la touche fantaisiste de son habillement. Essayons donc d'en dévoiler les mystères.

Couleurs éclatantes: optimisme. Annoncent une personne active, pleine de sens pratique, vaniteuse, satisfaite de soi, mais ayant parfois un caractère superficiel.

Couleurs jaune et rouge: signes de vitalité, d'activité et de dynamisme.

Le bleu et le vert indiquent une grande vie intérieure.

Cravate écossaise: préférée du type sportif, dynamique, simple, apprécié par tout le monde et toujours de bonne humeur.

Cravate sombre: c'est celle d'un homme sûr de lui, méthodique, très discipliné.

Cravate portant points et cercles: beaucoup d'imagination et d'assurance. Facilités dans les travaux scientifiques.

Cravate à larges rayures: dénote un être réservé, mais possédant un grand sens de l'initiative et du sens pratique.

Le *chapeau,* lui aussi, a perdu de son importance. De toutes façons, il était plutôt l'apanage des bourgeois, la casquette étant plutôt portée par les ouvriers et parfois les sportifs. Mais les remarques qui suivent s'appliquent aussi bien aux bonnets de fourrure que les hommes aiment porter aujourd'hui.

L'homme qui, actuellement, porte un chapeau est généralement d'un certain âge, plutôt conservateur, du genre "homme d'affaires".

Le chapeau de travers dénote un type blagueur.

S'il est légèrement sur le côté, il s'agit d'une bonne nature.

Porté tout droit sur le crâne il indique un homme honnête, mais peut-être pas très intelligent.

Posé sur le derrière de la tête il indique un mauvais payeur.

Posé sur le derrière de la tête il indique un mauvais payeur.

III
Écriture, griffonnage et signature

La graphologie étant une science en soi, nous n'avons pas l'intention de nous lancer ici dans une étude détaillée de l'écriture. Il est bien évident que la façon dont on forme ses lettres, détache ses mots, dispose ses paragraphes sur une page est révélatrice de la personnalité.

Les griffonnages

Il arrive à tout le monde de faire des petits dessins sur du papier pendant une conversation téléphonique ou au cours d'une réunion.

Un langage se dégage de ces dessins, souvent révélateur de la personnalité profonde et du caractère. Les dessins font d'ailleurs partie de beaucoup de tests, en particulier de ceux qu'on fait passer aux enfants. Notons enfin que le dessin spontané est parfois utilisé par les psychiatres pour guérir certaines maladies mentales.

116

Essayons maintenant d'analyser quelques figures et dessins courants et d'en tirer des conclusions:

Cercles allant de l'intérieur à l'extérieur: cachent des projets ambitieux refoulés, passion contenue. Annoncent un individu fermé, sournois, mou et délicat, ayant tendance à la dépression; sentimental, parfois même trop; essayant de ne blesser personne, ayant pourtant de fréquentes difficultés avec son entourage. Il n'aime pas s'amuser, et la vie lui semble terne. *116*

117

Zigzags ou dents de scie: indiquent égoïsme, agressivité et complexes d'infériorité cachés. Propre d'une personne très agitée ou de caractère instable. Elle souffre d'une grande tension nerveuse. Par ailleurs, c'est une impulsive étant souvent en conflit avec son entourage. *117*

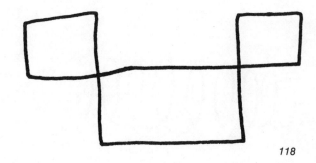

118

Figure de trois carrés: le dessinateur est un homme pratique, réfléchi et concentré. Au travail, il est estimé pour sa
bonne conduite et sa compétence. Dans les affaires, particulièrement d'argent, il est précis et même maniaque. Il
réussit parfaitement dans son métier.*118*

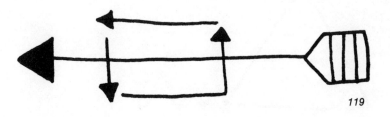

119

Figure avec des flèches: dépeint un être droit et impi-
toyable; de principe, ne revenant pas facilement sur ses
décisions, refusant les compromis, il ne se soumet pas
aux influences des autres.*119*

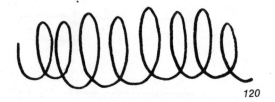

120

Une spirale: il s'agit d'un individu docile, de bon coeur, désordonné et parfois frivole. Il fait des abus et aime la vie de luxe. Parce qu'il aime ses agréments, ses amis le prennent pour un égoïste. 120

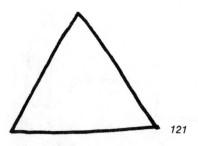

121

Un triangle: indique un individu d'un très fort caractère. Si c'est le dessin d'une femme, cela dénote sa grande intelligence. Dans la vie courante, ces personnes se révèlent comme des êtres forts, connaissant leur puissance et sachant l'utiliser. 121

122

Un cercle: c'est le dessin d'un homme qui vit comme un escargot dans sa coquille, séparé du monde. Son caractère dénote la timidité et parfois de faibles talents. C'est un individu replié sur lui-même et qui donne l'impression de ne pas avoir beaucoup d'énergie. Il n'est pas stimulé dans la vie. Il aime bien s'associer avec des gens énergiques et gais. 122

123

Dessin d'une fleur: indique que les véritables pensées de celui qui dessine sont dissimulées. Ces individus sont repliés sur eux-mêmes et essayent de dissimuler leurs sentiments. Parfois, ils communiquent avec leurs amis, mais difficilement. 123

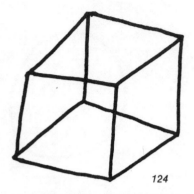

124

Un cube: dénote un homme cultivé et intellectuel qui sait atteindre le but qu'il s'est fixé. Il est doué d'une très forte volonté. Il raisonne clairement et logiquement. Mais il a tendance parfois à simplifier les choses. Il aime qu'on le vante et l'admire. 124

125

L'escalier: grande force de caractère. Il s'agit d'un être qui pense toujours qu'il pourra accomplir beaucoup de choses mais qui se reproche à lui-même de ne pas savoir utiliser ses forces, ses possibilités et les bonnes occasions. 125

126

Un bateau avec un escalier au-dessus dénote de l'insatis-
faction à l'égard de son entourage et le besoin d'un changement de milieu.*126*

127

Une araignée: dénote un être bavard et paresseux. Il aime
qu'autrui fasse son ouvrage et prenne ses décisions. Parfois, ces individus paraissent sans volonté, mais c'est seulement une apparence extérieure, car ils savent très bien
ce qu'ils veulent et souvent atteignent leur but.*127*

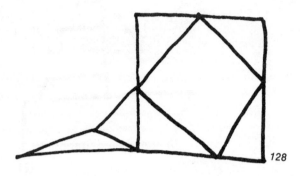

128

Figure géométrique: parfois égoïstes, ces personnes n'aiment pas qu'on leur impose une discipline et détestent qu'on leur donne des ordres.*128*

La signature dévoile la personnalité

Il y a plusieurs façons de signer son nom. Et chacun a une façon particulière de le faire. Prenons comme exemple le nom suivant: Jean-Louis Dupont.

Si la personne signe des trois noms à savoir: Jean-Louis Dupont, elle a tendance à dépasser les autres au travail. Elle a tout ce qu'il faut pour arriver au succès grâce à un travail acharné.

J. Louis Dupont: signature d'un individu qui a un bon sens de l'humour et qui aime conter des histoires drôles. Par contre, il se met très vite en colère.

J.L. Dupont: il s'agit d'un individu pratique, sympathique, affectueux et généreux. Il aime les conseils des autres.

Jean-L. Dupont: cet homme a tendance à rechercher l'aide, la sympathie et l'amitié. Il n'aime pas les changements et l'incertitude. Par contre, il aime organiser sa vie d'après un plan. Il aime aussi la propreté.

Louis Dupont: le signataire aime influencer les autres, il se fait une réputation en menant les gens. Il a une grande force de persuasion.

Jean Dupont: cette personne aime à analyser les autres et elle-même. Elle est capable d'analyser les caractères et elle a une grande facilité à se faire des amis.

L. Dupont: celui qui signe manque de confiance en soi et il se sous-estime. Mais il remporte certains succès.

J. Dupont: la routine quotidienne ennuie cette personne; elle aime le changement et les nouveaux endroits. Elle a tendance à haïr la responsabilité, est indépendante et n'aime pas recevoir d'ordres.

IV
Le choix
des couleurs

Quelles sont vos couleurs préférées?

Les couleurs jouent un grand rôle dans la vie des hommes. Des couleurs qu'ils aiment, qu'ils choisissent, qu'ils portent, on peut déduire leurs goûts, leurs tendances, leur caractère. Chaque personne a sa ou ses teintes préférées.

D'une manière générale, il y a des couleurs chaudes comme le rouge et le jaune et des couleurs froides comme le vert et surtout le bleu.

Les couleurs agissent beaucoup sur notre état d'âme. Par exemple, le bleu peut apaiser les fous et faire baisser la pression du sang ou au moins réduire la tension nerveuse.

Comme couleur d'*environnement,* le rouge est positif et stimulant, c'est la couleur de l'action; le bleu est calmant, c'est la couleur de la réflexion. Si, dans une salle de réunion, vous peignez les murs en rouge, les discussions seront plus vives. Par contre, si vous les peignez en bleu ou en vert, vous aurez des conférences plus détendues.

Quand vous donnez une soirée, si vous voulez que ce soit réussi, éclairez la pièce de réception avec une lumière rouge ou rose. Le "party" va commencer plus tôt, atteindra un plus haut degré d'excitation et, par contre, on y boira moins. Au contraire, dans une pièce éclairée avec des ampoules bleues, la soirée mettra plus de temps à démarrer et on consommera davantage.

A propos de l'attirance des gens pour certaines couleurs, vous pouvez essayer ce petit test: prenez deux crayons de même dimension, mais dont l'un sera rouge et l'autre noir ou bleu. (Ce test peut aussi se faire avec des boutons.) Ensuite, demandez à votre interlocuteur de placer un des deux crayons dans une boîte. Vous lui tendez un bout et vous cachez l'autre. Huit personnes sur dix mettront le crayon rouge dans la boîte.

Les couleurs de vos vêtements

La couleur des vêtements est non seulement une question de goûts individuels, mais aussi une question de civilisation. C'est évidemment un problème complexe qui est fonction de la géographie, du climat, de la religion, des moeurs, etc. Certains peuples aiment les teintes brillantes, d'autres s'habillent de noir ou de gris. La signification des couleurs peut même changer totalement d'une civilisation à l'autre. Ainsi, le blanc qui est généralement la couleur de la fête dans nos pays était traditionnellement celle du deuil en Chine. Et même à l'intérieur d'une civilisation, la signification d'une couleur peut évoluer. Par exemple, on peut remarquer qu'au 20e siècle le noir a perdu en Europe son identification exclusive aux images de deuil. Aujourd'hui c'est aussi la couleur chic, habillée, celle de la "petite robe" que les femmes aiment toujours porter.

Mais d'une manière très générale, pour des raisons d'économie et par goût pour la sobriété, en Europe, les gens préfèrent plutôt les couleurs sombres ou neutres, tandis que sur le continent américain les gens s'habillent de teintes vives, ce qui nous semble être une preuve de vitalité et d'exubérance et peut-être même le signe d'une société en expansion.

Par ailleurs, les couleurs que les individus choisissent pour leurs vêtements sont très révélatrices de leur personnalité, quoiqu'il semble y avoir une préférence générale pour le rouge, le bleu et le vert.

Les gens fiers aiment les couleurs éclatantes, un blanc aveuglant ou un noir profond.

Le violet était, dans l'ancien temps, la couleur de la dignité. Aujourd'hui, il est encore porté par les cardinaux et parfois ... les vieilles dames.

La préférence pour le rouge peut indiquer un individu tourné vers l'extérieur, extraverti ou même exhibitionniste. On dit que quand une femme est souvent habillée de rouge, cela dénote chez elle un manque d'affection.

La préférence pour le jaune reflète souvent l'imagination et une recherche d'enrichissement personnel.

Le vert exprime l'équilibre, le sens de l'harmonie et le respect des autres.

Les teintes douces, comme le rose, sont considérées comme féminines. Les nuances légères expriment la grâce.

Une cuisine bleue ou une cuisine blanche?

Voici ce que disent les psychologues à propos des couleurs que choisissent les femmes (ou les hommes . . .) pour leur cuisine.

Le blanc: c'est souvent le choix des gens indécis, non seulement dans le choix de leurs couleurs, mais dans la vie en général. Ce sont parfois des personnes sans grand intérêt, qui ont peu de force de caractère. Elles ne s'intéressent guère à leurs voisins, vivent en retrait du monde et, dans la vie, jouent un rôle effacé. (Les remarques précédentes doivent d'ailleurs être nuancées par le fait que le blanc est la couleur de base de beaucoup d'intérieurs.)

Le rose: la maîtresse de maison est sérieuse; c'est une

personne agréable qui ne se vante pas trop de son logis. C'est la couleur préférée des gens qui dépensent beaucoup et changent souvent la couleur de leur cuisine.

Le rouge et les couleurs rougeâtres: ce sont les teintes des personnes énergiques. Ces personnes réagissent rapidement, surtout en cas de danger, mais elles auraient tendance à être hystériques. Elles ne perdent jamais une occasion de se disputer avec leurs voisins.

Le brun: il s'agit ici d'une des couleurs préférées des hommes. C'est la couleur des individus calmes, patients, studieux, religieux. Cette catégorie de gens n'atteint pas toujours les résultats désirés, mais ils se distinguent par leur amitié et leur fidélité en amour. Ils sont même capables d'aimer leurs ennemis. Ce sont des humanistes. Ils sont généralement heureux dans leur foyer.

Le vert: c'est la couleur des artistes et également celle de ceux qui aiment de la variété dans leur travail, ainsi que dans leurs amitiés. Ils voyagent souvent et aiment le changement. Ils ont tendance à vivre longtemps.

Le violet: c'est une teinte assez rarement employée pour une cuisine. C'est, dit-on, la couleur des orgueilleux, des égoïstes et des personnes arrogantes. Elles ne pardonnent pas facilement leurs fautes à autrui et elles font souvent preuve d'impatience. Par contre, de tels individus sont aussi capables de diriger une entreprise ou de tenir la tête d'une organisation.

Le noir: est encore plus rare dans une cuisine. C'est le choix des personnes mélancoliques et pessimistes. Il semble qu'elles soient craintives et se cachent sans raison valable. Il est difficile de dire si elles choisissent la couleur noire parce qu'elle convient à leur état d'esprit ou si c'est cette couleur qui déteint sur leur caractère.

Le bleu: il semble que ce soit la couleur la plus aimée à tous les âges et pour les deux sexes. Chacun choisit le bleu à un certain moment de sa vie.

Le jaune: pour leur cuisine, il paraît que les hommes aiment moins le jaune que les femmes. Ce serait la couleur des maîtresses de maison aux talents culinaires limités . . .

La couleur de la voiture révélatrice du caractère du conducteur

(Il faut remarquer cependant que la plupart du temps, quand un couple est marié, la couleur de la voiture est choisie par la femme.)

Le noir: indique que le propriétaire de l'auto aime être respecté. C'est la voiture des directeurs de banques, des diplomates, des présidents de compagnies et de tous ceux qui possèdent un chauffeur privé. Autrement dit, des gens riches de la haute société.

Le blanc: c'est la couleur des esthètes.

Le rouge: c'est la couleur de ceux qui aiment se faire remarquer.

Le bleu: cette couleur dénote un conducteur fidèle, aimant le calme, ayant bon coeur et à qui on peut faire confiance.

Le vert: annonce un manque de vitalité.

Le marron: le conducteur d'une voiture marron est satisfait de la vie, n'a pas de problèmes et vit dans le confort.

Le gris: celui qui choisit cette couleur désire passer inaperçu.

Le jaune: cette couleur reflète le désir de faire de l'effet, de remporter du succès et d'être libéré de la tension intérieure.

L'argent: un homme qui veut se distinguer des autres choisit cette couleur.

Le beige: c'est la couleur des rêveurs.

Peut-on vraiment arriver à connaître les gens en analysant leurs couleurs préférées? Il semble que le choix que nous faisons des couleurs dans la vie quotidienne soit réellement symptomatique. Néanmoins, il convient de replacer ceci dans un contexte global. Tout en préférant certaines couleurs, on peut en choisir d'autres pour des raisons pratiques, par exemple. Par ailleurs, nous changeons souvent de goûts au cours de notre vie et à une période "rouge" peut bien succéder une période "bleue". Les jeunes sont évidemment particulièrement changeants à ce sujet.

Concluons en remarquant que, depuis quelques années, en Europe et en Amérique les hommes semblent avoir redécouvert la couleur . . .

V
Gestes et attitudes conventionnelles

En plus des gestes et des attitudes instinctives qui trahissent notre personnalité profonde, il existe des codes, recueils de conventions ou langages secrets qui peuvent exprimer certains de nos sentiments. Notons cependant que, dans la plupart des cas, ces codes étaient beaucoup plus utilisés dans le passé. Argots, langage des fleurs, des gants, des mouchoirs, ces codes sont nombreux. Nous en parcourrons quelques-uns.

Le code des couleurs

Puisque nous venons d'en parler, commençons par donner les significations traditionnelles des couleurs:

Blanc: innocence, pureté, joie et bonne foi.

Bleu: sagesse, amour, piété et félicité.

Brun: humilité.

Gris: également humilité, mélancolie et douleur tempérée.

Jaune: richesse, générosité, gloire, noblesse, splendeur.

Jaune pâle: infidélité.

Vert: affection, espérance, jeunesse.

Violet: pénitence, constance.

Lilas: amour pur, amitié.

Noir: deuil, humilité, tristesse, mort.

Or: puissance, magnificence.

Pourpre: dignité, puissance suprême.

Rose: jeunesse, amour changeant, tendresse.

Rouge: amour, ardeur, cruauté, colère, pudeur, feu.

Le langage des yeux

Le regard peut être dur ou doux, brillant ou terne, franc ou fuyant, passionné ou indifférent.

Les yeux brillants indiquent un tempérament plus actif que les yeux ternes. Les yeux fixes trahissent un esprit absent. Quant aux yeux très mobiles, ils indiquent la diffusion de l'activité sous toutes ses formes.

Les demoiselles du temps jadis jouaient beaucoup de la prunelle. Le langage des yeux n'a plus autant d'importance de nos jours, mais il y a toujours une douzaine de manières de faire un clin d'oeil.

Elever les yeux vers le plafond signifie: "J'attends."

Fermer les yeux veut dire: "Je pense à vous."

Clignez de l'oeil droit, et vous dites: "Prenez garde."

Clignez de l'oeil gauche, et vous dites: "On se rencontrera à la place convenue."

Fermer l'oeil droit signifie: "Soyez discret."

Fermer l'oeil gauche signifie: "Soyez patient."

Si vous mettez la main sur les yeux, vous voulez dire: "Je vous aime."

Ouvrir les yeux d'une façon démesurée signifie: "Je suis jalouse."

Poser son index sur son oeil gauche explique: "Rien à faire en ce moment."

Le langage du mouchoir

Le langage du mouchoir a aussi sa signification. Il est un peu démodé, mais vous pourrez amuser vos amis avec le code suivant.

Le laisser reposer sur les yeux signifie: "Vous êtes cruel."

Le passer simplement sur les yeux veut dire: "Vous m'affligez."

Le passer sur le front prévient: "Quelqu'un nous voit."

Le passer sur la bouche est une invitation: "J'aimerais faire votre connaissance."

Le passer sur la joue est un aveu: "Je vous aime."

Le laisser reposer sur la joue droite signifie: "Oui."

Le laisser reposer sur la joue gauche signifie: "Non."

Le passer sur l'oreille droite remarque: "Vous êtes changé."

Le tenir par le milieu signifie: "Vous êtes trop pressé."

Le plier veut dire: "Je veux vous parler."

Le tourner dans les deux mains signifie: "Je suis indifférente."

Le tourner dans la main gauche affirme: "Vous m'ennuyez."

Le tourner dans la main droite prévient: "J'aime quelqu'un d'autre."

L'enrouler sur le doigt est aussi un avertissement: "Je suis fiancé ou je suis marié."

Le placer sur l'épaule est une autre invitation: "Suivez-moi."

Le faire glisser dans la main est un refus sans appel: "Je vous hais."

Le laisser tomber signifie: "Soyons bons amis."

Le langage des gants

Le langage des gants comme celui du mouchoir n'est plus tellement connu. Langage d'amoureux lui aussi, il était utilisé par la femme et décodé par l'homme. Voici ce qu'il signifiait quand on portait encore des gants en toutes circonstances:

Laisser tomber un gant veut dire "oui".

Le rouler dans la main droite signifie "non".

Pour montrer que l'on veut être suivie, on se frappe l'épaule gauche de ses gants.

Pour faire entendre que l'on est devenue indifférente, on se dégante à demi la main gauche.

Pour avouer: "Je vous aime", on laisse tomber les deux gants à la fois.

En lissant ses gants, on avoue: "Je souhaiterais être près de vous."

En gantant la main gauche tout en laissant le pouce à découvert, on indique qu'on désire savoir si l'on est aimée.

Pour montrer que l'on n'aime pas du tout la personne en question, on se donne des petits coups sur le menton.

Pour mettre en garde, lorsque quelqu'un observe, on tourne ses gants autour de ses doigts.

✳   ✳   ✳

Les gestes constituent donc un langage universel. Le fait de pouvoir les interpréter est un précieux instrument de connaissance du coeur humain. C'est aussi un moyen de mettre à l'épreuve ses facultés d'analyse et une façon amusante de meubler des trajets un peu longs en train ou en avion ou un séjour à l'hôtel. Cela peut nous permettre de mieux connaître nos proches, de deviner la personnalité d'un patron ou d'un employé.

Il faut se garder cependant des conclusions hâtives. Pour interpréter correctement un indice, il faut le confronter à d'autres indices que fournissent l'éducation, l'âge, les circonstances. Un détail isolé n'a de valeur que dans la mesure où il concorde avec un ensemble de gestes et d'attitudes.

TABLE DES MATIÈRES

Achevé d'imprimer sur les presses de
***L'IMPRIMERIE ELECTRA* ***
pour
LES EDITIONS DE L'HOMME LTÉE

* Division du groupe Sogides Ltée

Ouvrages parus
chez les Éditeurs du groupe Sogides

Ouvrages parus aux
ÉDITIONS
DE L'HOMME

ART CULINAIRE

Art d'apprêter les restes (L'),
S. Lapointe, **4.00**
Art de la table (L'), M. du Coffre, **$5.00**
Art de vivre en bonne santé (L'),
Dr W. Leblond, **3.00**
Boîte à lunch (La), L. Lagacé, **4.00**
101 omelettes, M. Claude, **3.00**
Cocktails de Jacques Normand (Les),
J. Normand, **4.00**
Congélation (La), S. Lapointe, **4.00**
Conserves (Les), Soeur Berthe, **5.00**
Cuisine chinoise (La), L. Gervais, **4.00**
Cuisine de maman Lapointe (La),
S. Lapointe, **3.00**
Cuisine de Pol Martin (La), Pol Martin, **4.00**
Cuisine des 4 saisons (La),
Mme Hélène Durand-LaRoche, **4.00**
Cuisine en plein air, H. Doucet, **3.00**
Cuisine française pour Canadiens,
R. Montigny, **4.00**
Cuisine italienne (La), Di Tomasso, **3.00**
Diététique dans la vie quotidienne,
L. Lagacé, **4.00**
En cuisinant de 5 à 6, J. Huot, **3.00**
Fondues et flambées de maman Lapointe,
S. Lapointe, **4.00**
Fruits (Les), J. Goode, **5.00**

Grande Cuisine au Pernod (La),
S. Lapointe, **3.00**
Hors-d'oeuvre, salades et buffets froids,
L. Dubois, **3.00**
Légumes (Les), J. Goode, **5.00**
Madame reçoit, H.D. LaRoche, **4.00**
Mangez bien et rajeunissez, R. Barbeau, **3.00**
Poissons et fruits de mer,
Soeur Berthe, **4.00**
Recettes à la bière des grandes cuisines
Molson, M.L. Beaulieu, **4.00**
Recettes au "blender", J. Huot, **4.00**
Recettes de gibier, S. Lapointe, **4.00**
Recettes de Juliette (Les), J. Huot, **4.00**
Recettes de maman Lapointe,
S. Lapointe, **3.00**
Régimes pour maigrir, M.J. Beaudoin, **4.00**
Tous les secrets de l'alimentation,
M.J. Beaudoin, **2.50**
Vin (Le), P. Petel, **3.00**
Vins, cocktails et spiritueux,
G. Cloutier, **3.00**
Vos vedettes et leurs recettes,
G. Dufour et G. Poirier, **3.00**
Y'a du soleil dans votre assiette,
Georget-Berval-Gignac, **3.00**

DOCUMENTS, BIOGRAPHIE

Architecture traditionnelle au Québec (L'),
Y. Laframboise, **10.00**
Art traditionnel au Québec (L'),
Lessard et Marquis, **10.00**
Artisanat québécois 1. Les bois et les
textiles, C. Simard, **12.00**

Artisanat québécois 2. Les arts du feu,
C. Simard, **12.00**
Acadiens (Les), E. Leblanc, **2.00**
Bien-pensants (Les), P. Berton, **2.50**
Ce combat qui n'en finit plus,
A. Stanké, J.L. Morgan, **3.00**

Charlebois, qui es-tu?, B. L'Herbier, **3.00**

Comité (Le), M. et P. Thyraud de Vosjoli, **8.00**

Des hommes qui bâtissent le Québec, collaboration, **3.00**

Drogues, J. Durocher, **3.00**

Epaves du Saint-Laurent (Les), J. Lafrance, **3.00**

Ermite (L'), L. Rampa, **4.00**

Fabuleux Onassis (Le), C. Cafarakis, **4.00**

Félix Leclerc, J.P. Sylvain, **2.50**

Filière canadienne (La), J.-P. Charbonneau, **12.95**

Francois Mauriac, F. Seguin, **1.00**

Greffes du coeur (Les), collaboration, **2.00**

Han Suyin, F. Seguin, **1.00**

Hippies (Les), Time-coll., **3.00**

Imprévisible M. Houde (L'), C. Renaud, **2.00**

Insolences du Frère Untel, F. Untel, **2.00**

J'aime encore mieux le jus de betteraves, A. Stanké, **2.50**

Jean Rostand, F. Seguin, **1.00**

Juliette Béliveau, D. Martineau, **3.00**

Lamia, P.T. de Vosjoli, **5.00**

Louis Aragon, F. Seguin, **1.00**

Magadan, M. Solomon, **7.00**

Maison traditionnelle au Québec (La), M. Lessard, G. Vilandré, **10.00**

Maîtresse (La), James et Kedgley, **4.00**

Mammifères de mon pays, Duchesnay-Dumais, **3.00**

Masques et visages du spiritualisme contemporain, J. Evola, **5.00**

Michel Simon, F. Seguin, **1.00**

Michèle Richard raconte Michèle Richard, M. Richard, **2.50**

Mon calvaire roumain, M. Solomon, **8.00**

Mozart, raconté en 50 chefs-d'oeuvre, P. Roussel, **5.00**

Nationalisation de l'électricité (La), P. Sauriol, **1.00**

Napoléon vu par Guillemin, H. Guillemin, **2.50**

Objets familiers de nos ancêtres, L. Vermette, N. Genêt, L. Décarie-Audet, **6.00**

On veut savoir, (4 t.), L. Trépanier, **1.00 ch.**

Option Québec, R. Lévesque, **2.00**

Pour entretenir la flamme, L. Rampa, **4.00**

Pour une radio civilisée, G. Proulx, **2.00**

Prague, l'été des tanks, collaboration, **3.00**

Premiers sur la lune, Armstrong-Aldrin-Collins, **6.00**

Prisonniers à l'Oflag 79, P. Vallée, **1.00**

Prostitution à Montréal (La), T. Limoges, **1.50**

Provencher, le dernier des coureurs des bois, P. Provencher, **6.00**

Québec 1800, W.H. Bartlett, **15.00**

Rage des goof-balls (La), A. Stanké, M.J. Beaudoin, **1.00**

Rescapée de l'enfer nazi, R. Charrier, **1.50**

Révolte contre le monde moderne, J. Evola, **6.00**

Riopelle, G. Robert, **3.50**

Struma (Le), M. Solomon, **7.00**

Terrorisme québécois (Le), Dr G. Morf, **3.00**

Ti-blanc, mouton noir, R. Laplante, **2.00**

Treizième chandelle (La), L. Rampa, **4.00**

Trois vies de Pearson (Les), Poliquin-Beal, **3.00**

Trudeau, le paradoxe, A. Westell, **5.00**

Un peuple oui, une peuplade jamais! J. Lévesque, **3.00**

Un Yankee au Canada, A. Thério, **1.00**

Une culture appelée québécoise, G. Turi, **2.00**

Vizzini, S. Vizzini, **5.00**

Vrai visage de Duplessis (Le), P. Laporte, **2.00**

ENCYCLOPEDIES

Encyclopédie de la maison québécoise, Lessard et Marquis, **8.00**

Encyclopédie des antiquités du Québec, Lessard et Marquis, **7.00**

Encyclopédie des oiseaux du Québec, W. Earl Godfrey, **8.00**

Encyclopédie du jardinier horticulteur, W.H. Perron, **8.00**

Encyclopédie du Québec, Vol. I et Vol. II, L. Landry, **6.00 ch.**

ESTHETIQUE ET VIE MODERNE

Cellulite (La), Dr G.J. Léonard, **4.00**
Chirurgie plastique et esthétique (La),
Dr A. Genest, **2.00**
Embellissez votre corps, J. Ghedin, **2.00**
Embellissez votre visage, J. Ghedin, **1.50**
Etiquette du mariage, Fortin-Jacques,
Farley, **4.00**
Exercices pour rester jeune, T. Sekely, **3.00**
Exercices pour toi et moi,
J. Dussault-Corbeil, **5.00**
Face-lifting par l'exercice (Le),
S.M. Rungé, **4.00**
Femme après 30 ans (La), N. Germain, **3.00**

Femme émancipée (La), N. Germain et
L. Desjardins, **2.00**
Leçons de beauté, E. Serei, **2.50**
Médecine esthétique (La),
Dr G. Lanctôt, **5.00**
Savoir se maquiller, J. Ghedin, **1.50**
Savoir-vivre, N. Germain, **2.50**
Savoir-vivre d'aujourd'hui (Le),
M.F. Jacques, **3.00**
Sein (Le), collaboration, **2.50**
Soignez votre personnalité, messieurs,
E. Serei, **2.00**
Vos cheveux, J. Ghedin, **2.50**
Vos dents, Archambault-Déom, **2.00**

LINGUISTIQUE

Améliorez votre français, J. Laurin, **4.00**
Anglais par la méthode choc (L'),
J.L. Morgan, **3.00**
Corrigeons nos anglicismes, J. Laurin, **4.00**
Dictionnaire en 5 langues, L. Stanké, **2.00**

Petit dictionnaire du joual au français,
A. Turenne, **3.00**
Savoir parler, R.S. Catta, **2.00**
Verbes (Les), J. Laurin, **4.00**

LITTERATURE

Amour, police et morgue, J.M. Laporte, **1.00**
Bigaouette, R. Lévesque, **2.00**
Bousille et les justes, G. Gélinas, **3.00**
Berger (Les), M. Cabay-Marin, Ed. TM, **5.00**
Candy, Southern & Hoffenberg, **3.00**
Cent pas dans ma tête (Les), P. Dudan, **2.50**
Commettants de Caridad (Les),
Y. Thériault, **2.00**
Des bois, des champs, des bêtes,
J.C. Harvey, **2.00**
Ecrits de la Taverne Royal, collaboration, **1.00**
Exodus U.K., R. Rohmer, **8.00**
Exxoneration, R. Rohmer, **7.00**
Homme qui va (L'), J.C. Harvey, **2.00**
J'parle tout seul quand j'en narrache,
E. Coderre, **3.00**
Malheur a pas des bons yeux (Le),
R. Lévesque, **2.00**
Marche ou crève Carignan, R. Hollier, **2.00**
Mauvais bergers (Les), A.E. Caron, **1.00**

Mes anges sont des diables,
J. de Roussan, **1.00**
Mon 29e meurtre, Joey, **8.00**
Montréalités, A. Stanké, **1.50**
Mort attendra (La), A. Malavoy, **1.00**
Mort d'eau (La), Y. Thériault, **2.00**
Ni queue, ni tête, M.C. Brault, **1.00**
Pays voilés, existences, M.C. Blais, **1.50**
Pomme de pin, L.P. Dlamini, **2.00**
Printemps qui pleure (Le), A. Thério, **1.00**
Propos du timide (Les), A. Brie, **1.00**
Séjour a Moscou, Y. Thériault, **2.00**
Tit-Coq, G. Gélinas, **4.00**
Toges, bistouris, matraques et soutanes,
collaboration, **1.00**
Ultimatum, R. Rohmer, **6.00**
Un simple soldat, M. Dubé, **4.00**
Valérie, Y. Thériault, **2.00**
Vertige du dégoût (Le), E.P. Morin, **1.00**

LIVRES PRATIQUES — LOISIRS

Aérobix, Dr P. Gravel, **3.00**
Alimentation pour futures mamans,
T. Sekely et R. Gougeon, **4.00**

Améliorons notre bridge, C. Durand, **6.00**
**Apprenez la photographie avec Antoine
Desilets**, A. Desilets, **5.00**

Arbres, les arbustes, les haies (Les),
P. Pouliot, 7.00
Armes de chasse (Les), Y. Jarrettie, 3.00
Astrologie et l'amour (L'), T. King, 6.00
Bougies (Les), W. Schutz, 4.00
Bricolage (Le), J.M. Doré, 4.00
Bricolage au féminin (Le), J.-M. Doré, 3.00
Bridge (Le), V. Beaulieu, 4.00
Camping et caravaning, J. Vic et
R. Savoie, 2.50
Caractères par l'interprétation des visages,
(Les), L. Stanké, 4.00
Ciné-guide, A. Lafrance, 3.95
Chaînes stéréophoniques (Les),
G. Poirier, 6.00
Cinquante et une chansons à répondre,
P. Daigneault, 3.00
Comment amuser nos enfants,
L. Stanké, 4.00
Comment tirer le maximum d'une mini-
calculatrice, H. Mullish, 4.00
Conseils à ceux qui veulent bâtir,
A. Poulin, 2.00
Conseils aux inventeurs, R.A. Robic, 3.00
Couture et tricot, M.H. Berthouin, 2.00
Dictionnaire des mots croisés,
noms propres, collaboration, 6.00
Dictionnaire des mots croisés,
noms communs, P. Lasnier, 5.00
Fins de partie aux dames,
H. Tranquille, G. Lefebvre, 4.00
Fléché (Le), L. Lavigne et F. Bourret, 4.00
Fourrure (La), C. Labelle, 4.00
Guide complet de la couture (Le),
L. Chartier, 4.00
Guide de la secrétaire, M. G. Simpson, 6.00
Hatha-yoga pour tous, S. Piuze, 4.00
8/Super 8/16, A. Lafrance, 5.00
Hypnotisme (L'), J. Manolesco, 3.00
Information Voyage, R. Viau et J. Daunais,
Ed. TM, 6.00
Interprétez vos rêves, L. Stanké, 4.00

J'installe mon équipement stéréo, T. I et II,
J.M. Doré, 3.00 ch.
Jardinage (Le), P. Pouliot, 4.00
Je décore avec des fleurs, M. Bassili, 4.00
Je développe mes photos, A. Desilets, 6.00
Je prends des photos, A. Desilets, 6.00
Jeux de cartes, G. F. Hervey, 10.00
Jeux de société, L. Stanké, 3.00
Lignes de la main (Les), L. Stanké, 4.00
Magie et tours de passe-passe,
I. Adair, 4.00
Massage (Le), B. Scott, 4.00
Météo (La), A. Ouellet, 3.00
Nature et l'artisanat (La), P. Roy, 4.00
Noeuds (Les), G.R. Shaw, 4.00
Origami I, R. Harbin, 3.00
Origami II, R. Harbin, 3.00
Ouverture aux échecs (L'), C. Coudari, 4.00
Parties courtes aux échecs,
H. Tranquille, 5.00
Petit manuel de la femme au travail,
L. Cardinal, 4.00
Photo-guide, A. Desilets, 3.95
Plantes d'intérieur (Les), P. Pouliot, 7.00
Poids et mesures, calcul rapide,
L. Stanké, 3.00
Tapisserie (La), T.-M. Perrier,
N.-B. Langlois, 5.00
Taxidermie (La), J. Labrie, 4.00
Technique de la photo, A. Desilets, 6.00
Techniques du jardinage (Les),
P. Pouliot, 6.00
Tenir maison, F.G. Smet, 3.00
Tricot (Le), F. Vandelac, 4.00
Vive la compagnie, P. Daigneault, 3.00
Vivre, c'est vendre, J.M. Chaput, 4.00
Voir clair aux dames, H. Tranquille, 3.00
Voir clair aux échecs, H. Tranquille et
G. Lefebvre, 4.00
Votre avenir par les cartes, L. Stanké, 4.00
Votre discothèque, P. Roussel, 4.00
Votre pelouse, P. Pouliot, 5.00

LE MONDE DES AFFAIRES ET LA LOI

ABC du marketing (L'), A. Dahamni, 3.00
Bourse (La), A. Lambert, 3.00
Budget (Le), collaboration, 4.00
Ce qu'en pense le notaire, Me A. Senay, 2.00
Connaissez-vous la loi? R. Millet, 3.00
Dactylographie (La), W. Lebel, 2.00
Dictionnaire de la loi (Le), R. Millet, 2.50
Dictionnaire des affaires (Le), W. Lebel, 3.00
Dictionnaire économique et financier,
E. Lafond, 4.00

Divorce (Le), M. Champagne et Léger, 3.00
Guide de la finance (Le), B. Pharand, 2.50
Initiation au système métrique,
L. Stanké, 5.00
Loi et vos droits (La),
Me P.A. Marchand, 5.00
Savoir organiser, savoir décider,
G. Lefebvre, 4.00
Secrétaire (Le/La) bilingue, W. Lebel, 2.50

PATOF

Cuisinons avec Patof, J. Desrosiers, 1.29

Patof raconte, J. Desrosiers, 0.89
Patofun, J. Desrosiers, 0.89

SANTE, PSYCHOLOGIE, EDUCATION

Activité émotionnelle (L'), P. Fletcher, 3.00
Allergies (Les), Dr P. Delorme, 4.00
Apprenez à connaître vos médicaments,
  R. Poitevin, 3.00
Caractères et tempéraments,
  C.-G. Sarrazin, 3.00
Comment animer un groupe,
  collaboration, 4.00
Comment nourrir son enfant,
  L. Lambert-Lagacé, 4.00
Comment vaincre la gêne et la timidité,
  R.S. Catta, 3.00
Communication et épanouissement
  personnel, L. Auger, 4.00
Complexes et psychanalyse,
  P. Valinieff, 4.00
Contact, L. et N. Zunin, 6.00
Contraception (La), Dr L. Gendron, 3.00
Cours de psychologie populaire,
  F. Cantin, 4.00
Dépression nerveuse (La), collaboration, 4.00
Développez votre personnalité,
  vous réussirez, S. Brind'Amour, 3.00
Douze premiers mois de mon enfant (Les),
  F. Caplan, 10.00
Dynamique des groupes,
  Aubry-Saint-Arnaud, 3.00
En attendant mon enfant,
  Y.P. Marchessault, 4.00
Femme enceinte (La), Dr R. Bradley, 4.00
Guérir sans risques, Dr E. Plisnier, 3.00
Guide des premiers soins, Dr J. Hartley, 4.00

Guide médical de mon médecin de famille,
  Dr M. Lauzon, 3.00
Langage de votre enfant (Le),
  C. Langevin, 3.00
Maladies psychosomatiques (Les),
  Dr R. Foisy, 3.00
Maman et son nouveau-né (La),
  T. Sekely, 3.00
Mathématiques modernes pour tous,
  G. Bourbonnais, 4.00
Méditation transcendantale (La),
  J. Forem, 6.00
Mieux vivre avec son enfant, D. Calvet, 4.00
Parents face à l'année scolaire (Les),
  collaboration, 2.00
Personne humaine (La), Y. Saint-Arnaud, 4.00
Pour bébé, le sein ou le biberon,
  Y. Pratte-Marchessault, 4.00
Pour vous future maman, T. Sekely, 3.00
15/20 ans, F. Tournier et P. Vincent, 4.00
Relaxation sensorielle (La), Dr P. Gravel, 3.00
S'aider soi-même, L. Auger, 4.00
Soignez-vous par le vin, Dr E. A. Maury, 4.00
Volonté (La), l'attention, la mémoire,
  R. Tocquet, 4.00
Vos mains, miroir de la personnalité,
  P. Maby, 3.00
Votre personnalité, votre caractère,
  Y. Benoist-Morin, 3.00
Yoga, corps et pensée, B. Leclerq, 3.00
Yoga, santé totale pour tous,
  G. Lescouflar, 3.00

SEXOLOGIE

Adolescent veut savoir (L'),
  Dr L. Gendron, 3.00
Adolescente veut savoir (L'),
  Dr L. Gendron, 3.00
Amour après 50 ans (L'), Dr L. Gendron, 3.00
Couple sensuel (Le), Dr L. Gendron, 3.00
Déviations sexuelles (Les), Dr Y. Léger, 4.00
Femme et le sexe (La), Dr L. Gendron, 3.00
Helga, E. Bender, 6.00
Homme et l'art érotique (L'),
  Dr L. Gendron, 3.00
Madame est servie, Dr L. Gendron, 2.00

Maladies transmises par relations
  sexuelles, Dr L. Gendron, 2.00
Mariée veut savoir (La), Dr L. Gendron, 3.00
Ménopause (La), Dr L. Gendron, 3.00
Merveilleuse histoire de la naissance (La),
  Dr L. Gendron, 4.50
Qu'est-ce qu'un homme, Dr L. Gendron, 3.00
Qu'est-ce qu'une femme, Dr L. Gendron, 4.00
Quel est votre quotient psycho-sexuel?
  Dr L. Gendron, 3.00
Sexualité (La), Dr L. Gendron, 3.00
Teach-in sur la sexualité,
  Université de Montréal, 2.50
Yoga sexe, Dr L. Gendron et S. Piuze, 4.00

SPORTS (collection dirigée par Louis Arpin)

ABC du hockey (L'), H. Meeker, 4.00
Aikido, au-delà de l'agressivité,
  M. Di Villadorata, 4.00
Bicyclette (La), J. Blish, 4.00

Comment se sortir du trou au golf,
  Brien et Barrette, 4.00
Courses de chevaux (Les), Y. Leclerc, 3.00

Devant le filet, J. Plante, **4.00**
   D. Brodeur, **4.00**
Entraînement par les poids et haltères,
   F. Ryan, **3.00**
Expos, cinq ans après,
   D. Brodeur, J.-P. Sarrault, **3.00**
Football (Le), collaboration, **2.50**
Football professionnel, J. Séguin, **3.00**
Guide de l'auto (Le) (1967), J. Duval, **2.00**
   (1968-69-70-71), 3.00 chacun
Guy Lafleur, Y. Pedneault et D. Brodeur, **4.00**
Guide du judo, au sol (Le), L. Arpin, **4.00**
Guide du judo, debout (Le), L. Arpin, **4.00**
Guide du self-defense (Le), L. Arpin, **4.00**
Guide du trappeur,
   P. Provencher, **4.00**
Initiation à la plongée sous-marine,
   R. Goblot, **5.00**
J'apprends à nager, R. Lacoursière, **4.00**
Jocelyne Bourassa,
   J. Barrette et D. Brodeur, **3.00**
Jogging (Le), R. Chevalier, **5.00**
Karaté (Le), Y. Nanbu, **4.00**
Kung-fu, R. Lesourd, **5.00**
Livre des règlements, LNH, **1.50**
Lutte olympique (La), M. Sauvé, **4.00**
Match du siècle: Canada-URSS,
   D. Brodeur, G. Terroux, **3.00**
Mon coup de patin, le secret du hockey,
   J. Wild, **3.00**
Moto (La), Duhamel et Balsam, **4.00**

Natation (La), M. Mann, **2.50**
Natation de compétition (La),
   R. Lacoursière, **3.00**
Parachutisme (Le), C. Bédard, **5.00**
Pêche au Québec (La), M. Chamberland, **5.00**
Petit guide des Jeux olympiques,
   J. About, M. Duplat, **2.00**
Puissance au centre, Jean Béliveau,
   H. Hood, **3.00**
Raquette (La), Osgood et Hurley, **4.00**
Ski (Le), W. Schaffler-E. Bowen, **3.00**
Ski de fond (Le), J. Caldwell, **4.00**
Soccer, G. Schwartz, **3.50**
Stratégie au hockey (La), J.W. Meagher, **3.00**
Surhommes du sport, M. Desjardins, **3.00**
Techniques du golf,
   L. Brien et J. Barrette, **4.00**
Techniques du tennis, Ellwanger, **3.00**
Tennis (Le), W.F. Talbert, **3.00**
Tous les secrets de la chasse,
   M. Chamberland, **3.00**
Tous les secrets de la pêche,
   M. Chamberland, **3.00**
36-24-36, A. Coutu, **3.00**
Troisième retrait (Le), C. Raymond,
   M. Gaudette, **3.00**
Vivre en forêt, P. Provencher, **4.00**
Vivre en plein air, P. Gingras, **4.00**
Voie du guerrier (La), M. di Villadorata, **4.00**
Voile (La), Nik Kebedgy, **5.00**

Ouvrages parus à
L'ACTUELLE
JEUNESSE

Echec au réseau meurtrier, R. White, **1.00**
Engrenage (L'), C. Numainville, **1.00**
Feuilles de thym et fleurs d'amour,
   M. Jacob, **1.00**
Lady Sylvana, L. Morin, **1.00**
Moi ou la planète, C. Montpetit, **1.00**

Porte sur l'enfer, M. Vézina, **1.00**
Silences de la croix du Sud (Les),
   D. Pilon, **1.00**
Terreur bleue (La), L. Gingras, **1.00**
Trou (Le), S. Chapdelaine, **1.00**
Une chance sur trois, S. Beauchamp, **1.00**
22,222 milles à l'heure, G. Gagnon, **1.00**

Ouvrages parus à
L'ACTUELLE

Aaron, Y. Thériault, **3.00**

Agaguk, Y. Thériault, **4.00**

Allocutaire (L'), G. Langlois, 2.50
Bois pourri (Le), A. Maillet, 2.50
Carnivores (Les), F. Moreau, 2.50
Carré Saint-Louis, J.J. Richard, 3.00
Centre-ville, J.-J. Richard, 3.00
Chez les termites,
M. Ouellette-Michalska, 3.00
Cul-de-sac, Y. Thériault, 3.00
D'un mur à l'autre, P.A. Bibeau, 2.50
Danka, M. Godin, 3.00
Débarque (La), R. Plante, 3.00
Demi-civilisés (Les), J.C. Harvey, 3.00
Dernier havre (Le), Y. Thériault, 3.00
Domaine de Cassaubon (Le),
G. Langlois, 3.00
Dompteur d'ours (Le), Y. Thériault, 3.00
Doux Mal (Le), A. Maillet, 3.00
En hommage aux araignées, E. Rochon, 3.00
Et puis tout est silence, C. Jasmin, 3.00
Faites de beaux rêves, J. Poulin, 3.00
Fille laide (La), Y. Thériault, 4.00
Fréquences interdites, P.-A. Bibeau, 3.00
Fuite immobile (La), G. Archambault, 3.00

Jeu des saisons (Le),
M. Ouellette-Michalska, 2.50
Marche des grands cocus (La),
R. Fournier, 3.00
Monsieur Isaac, N. de Bellefeuille et
G. Racette, 3.00
Mourir en automne, C. de Cotret, 2.50
N'Tsuk, Y. Thériault 3.00
Neuf jours de haine, J.J. Richard, 3.00
New Medea, M. Bosco, 3.00
Ossature (L'), R. Morency, 3.00
Outaragasipi (L'), C. Jasmin, 3.00
Petite fleur du Vietnam (La),
C. Gaumont, 3.00
Pièges, J.J. Richard, 3.00
Porte Silence, P.A. Bibeau, 2.50
Requiem pour un père, F. Moreau, 2.50
Scouine (La), A. Laberge, 3.00
Tayaout, fils d'Agaguk, Y. Thériault, 3.00
Tours de Babylone (Les), M. Gagnon, 3.00
Vendeurs du Temple (Les), Y. Thériault, 3.00
Visages de l'enfance (Les), D. Blondeau, 3.00
Vogue (La), P. Jeancard, 3.00

Ouvrages parus aux
PRESSES
LIBRES

Amour (L'), collaboration 7.00
Amour humain (L'), R. Fournier, 2.00
Anik, Gilan, 3.00
Ariâme . . .Plage nue, P. Dudan, 3.00
Assimilation pourquoi pas? (L'),
L. Landry, 2.00
Aventures sans retour, C.J. Gauvin, 3.00
Bateau ivre (Le), M. Metthé, 2.50
Cent Positions de l'amour (Les),
H. Benson, 4.00
Comment devenir vedette, J. Beaulne, 3.00
Couple sensuel (Le), Dr L. Gendron, 3.00
Démesure des Rois (La),
P. Raymond-Pichette, 4.00
Des Zéroquois aux Québécois,
C. Falardeau, 2.00
Emmanuelle à Rome, 5.00
Exploits du Colonel Pipe (Les),
R. Pradel, 3.00
Femme au Québec (La),
M. Barthe et M. Dolment, 3.00
Franco-Fun Kébecwa, F. Letendre, 2.50
Guide des caresses, P. Valinieff, 4.00
Incommunicants (Les), L. Leblanc, 2.50
Initiation à Menke Katz, A. Amprimoz, 1.50
Joyeux Troubadours (Les), A. Rufiange, 2.00
Ma cage de verre, M. Metthé, 2.50

Maria de l'hospice, M. Grandbois, 2.00
Menues, dodues, Gilan, 3.00
Mes expériences autour du monde,
R. Boisclair, 3.00
Mine de rien, G. Lefebvre, 3.00
Monde agricole (Le), J.C. Magnan, 3.50
Négresse blonde aux yeux bridés (La),
C. Falardeau, 2.00
Niska, G. Robert, 12.00
Paradis sexuel des aphrodisiaques (Le),
M. Rouet, 4.00
Plaidoyer pour la grève et la contestation,
A. Beaudet, 2.00
Positions +, J. Ray, 4.00
Pour une éducation de qualité au Québec,
C.H. Rondeau, 2.00
Québec français ou Québec québécois,
L. Landry, 3.00
Rêve séparatiste (Le), L. Rochette, 2.00
Sans soleil, M. D'Allaire, 4.00
Séparatiste, non, 100 fois non!
Comité Canada, 2.00
Terre a une taille de guêpe (La),
P. Dudan, 3.00
Tocap, P. de Chevigny, 2.00
Virilité et puissance sexuelle, M. Rouet, 4.00
Voix de mes pensées (La), E. Limet, 2.50

Books published by HABITEX

Aikido, M. di Villadorata, **3.95**
Blender recipes, J. Huot, **3.95**
Caring for your lawn, P. Pouliot, **4.95**
Cellulite, G .Léonard, **3.95**
Complete guide to judo (The), L. Arpin, **4.95**
Complete Woodsman (The),
  P. Provencher, **3.95**
Developping your photographs,
  A. Desilets, **4.95**
8/Super 8/16, A. Lafrance, **4.95**
Feeding your child, L. Lambert-Lagacé, **3.95**
Fondues and Flambes,
  S. and L. Lapointe, **2.50**
Gardening, P. Pouliot, **5.95**
Guide to Home Canning (A),
  Sister Berthe, **4.95**
Guide to Home Freezing (A),
  S. Lapointe, **3.95**
Guide to self-defense (A), L. Arpin, **3.95**
Help Yourself, L. Auger, **3.95**

Interpreting your Dreams, L. Stanké, **2.95**
Living is Selling, J.-M. Chaput, **3.95**
Mozart seen through 50 Masterpieces,
  P. Roussel, **6.95**
Music in Canada 1600-1800,
  B. Amtmann, **10.00**
Photo Guide, A. Desilets, **3.95**
Sailing, N. Kebedgy, **4.95**
Sansukai Karate, Y. Nanbu, **3.95**
"Social" Diseases, L. Gendron, **2.50**
Super 8 Cine Guide, A. Lafrance, **3.95**
Taking Photographs, A. Desilets, **4.95**
Techniques in Photography, A. Desilets, **5.95**
Understanding Medications, R. Poitevin, **2.95**
Visual Chess, H. Tranquille, **2.95**
Waiting for your child,
  Y. Pratte-Marchessault, **3.95**
Wine: A practical Guide for Canadians,
  P. Petel, **2.95**
Yoga and your Sexuality, S. Piuze and
  Dr. L. Gendron, **3.95**

Diffusion Europe

Belgique: 21, rue Defacqz — 1050 Bruxelles
France: 4, rue de Fleurus — 75006 Paris

CANADA	BELGIQUE	FRANCE
$ 2.00	100 FB	13 F
$ 2.50	125 FB	16,25 F
$ 3.00	150 FB	19,50 F
$ 3.50	175 FB	22,75 F
$ 4.00	200 FB	26 F
$ 5.00	250 FB	32,50 F
$ 6.00	300 FB	39 F
$ 7.00	350 FB	45,50 F
$ 8.00	400 FB	52 F
$ 9.00	450 FB	58,50 F
$10.00	500 FB	65 F